沈黙する伝承

―川上村における南朝皇胤追慕―

増田隆

自天王御遺品（国指定重要文化財・川上村指定文化財）

御殿申（ゴゼンモウス）

廃村となった「三之公」集落

奥の三之公・三之公隠平行宮跡

口の三之公・三之公八幡平行宮跡

河野宮御墓（金剛寺）（宮内庁撮影掲載許可取得）

朝拝式（川上村無形民俗文化財）
（写真提供・川上村教育委員会）

ごあいさつ

奈良県川上村長　栗　山　忠　昭

この度、増田隆氏により『沈黙する伝承―川上村における南朝皇胤追慕―』が上梓されましたことを心よりお慶び申し上げます。わが村の後南朝哀史を書物として世に出していただくことは誠に有り難く、深く感謝申し上げる次第です。長年に亘り御朝拝式を守り支えてきた今は亡き郷土の先人達もさぞかし歓喜に咽《むせ》んでいることでありましょう。

哀史には違いありませんが、吉野山（吉野町）は南北朝時代の旗頭後醍醐天皇が一時期皇居を構え、京の北朝に対抗された場所であり、歴史の表舞台を飾ります。足利三代将軍義満の仲立ちで講和がなり、約六十年間続いた南北朝の騒乱が終焉《しゅうえん》を告げ世の中に安寧《あんねい》が訪れたのも束の間、皇位は両朝交互にと定めた約束を反故《ほご》にした北朝に反発した南朝方は、神璽《しんじ》を奉じ再び吉野の山深くに籠りました。これが後南朝の始まりで、わが川上村がここに深く関わることになりますが、時の権力者足利将軍が庇護《ひご》する北朝側の追っ手から後胤《こういん》を護るため、深山に身を潜め、居場所を明らかにはできなかったのです。

わが村は今なお山深い奥地ではありますが、歴史には早くに顔を出し、『古事記』の神武東征伝に吉野の首《おびと》の始祖井氷鹿《いひか》の里として井光《いかり》（大字名）が登場します。また、少し時代は下りますが、『日本書紀』に人皇二十一代雄略天皇と蜻蛉《とんぼ》の伝承もあり、現在のあきつの小野スポーツ公園辺り、西河《にしかわ》（大字名）がその伝承地で、蜻蛉《せいれい》の滝があります。

わが村の人々は昔から人情に厚く、壬申の乱に勝利し飛鳥浄御原宮で即位した第四十代天武天皇が大海人皇子時代、近江朝の追っ手から逃れ来た折お護り申し上げたようで、丹生川上神社上社は天武天皇の創建と伝わります。また、北塩谷《きたしおだに》（大字名）の神社は、その名もまさに天武天皇社であります。後を継がれた皇后の持統天皇は在位8年のうち三十回を越す吉野への行幸があったようですが、夫と共に逃れ来て護られた地への深い感謝に併せ、農耕と密接な関係にある水の神への崇祀《すうし》がなされたのであろうと思う時、丹生川上神社上社が水の神であることも頷《うなず》けます。

兄頼朝の追跡から逃れ来た源義経の伝説も残っています。重い鎧をはずして掛けたと伝わる鎧掛け岩や、匿《かくま》ってくれた家にお礼として太刀を与えたことから、その家の屋号が太刀屋《たちや》となったという話が大滝（大字名）に伝えられています。

幕末には、維新の魁《さきがけ》と称される天誅組の志士たちが村内を通過。各大字で歓待を受けます。中でも伯母谷《おばたに》（大字名）では敵の目を晦《くら》まし、負傷した志士を岩屋に匿い、無事家に戻しました。水本家に証文が残されていますし、武木《たけぎ》（大字名）の住川家にはお礼にと残した矢立《やたて》が伝わります。

これらはわが村の人々が護り切った方々ですが、唯一護り切れなかったのが後南朝の後胤自天王《じてんのう》

（尊秀王　北山宮）と忠義王《ただよしおう》（河野宮）のお二方なのです。

川上村に逃れ来た方々に共通しているのは、時の権力者に追われる者ばかりです。それらの方々を護るとなれば権力者にたてを突くことになり、窮地に立たされます。しかし、わが村の先人達はそんなことはお構いなしで、懐《ふところ》に飛び込んだ窮鳥は損得抜きで護るという判官贔屓《ほうがんびいき》の心意気の持ち主ばかりです。この心意気がわが村の誇りであります。

お護り仕切れなかった方々に対して明かす真心は、いつまでも忘却せぬこと。わが村の先人達は、深山の粗末な宮で執り行った即位の礼の折お見せになった自天王のえも言われぬ笑顔を思い浮かべ、王の遺品を王に見立て、毎年二月五日朝賀の拝礼（御朝拝式）を挙行することを決めました。その後、幾年にも亘り、どのような困難に遭遇しようとも一度も欠かすことなく存続し、子々孫々に繋いで参りました。そして、今年は五六一回目を迎えます。

平成二十六年十一月十六日には、「第三十六回全国豊かな海づくり大会～やまと～」の放流会場にわが村のおおたき龍神湖が選ばれ、天皇皇后両陛下の行幸啓を仰ぎました。思いも寄らぬ光栄に浴し有り難さは一入《ひとしお》でしたが、実に不思議でもありました。

昨年は、日本舞踊山村流上方舞名取山村若女《わかめ》氏のお導きで春日大社前権宮司・現奈良県立大学客員教授岡本彰夫氏、映像作家の保山耕一氏がご来村くださり、東京と奈良の二箇所でわが村の後南朝史や御朝拝式を紹介していただき大盛況を博しました。

その折、ご一緒にお越しくださり、短期間に後南朝の事跡を悉《ことごと》く探索され、調査・収集・記録に取り組まれたのが増田隆氏でした。現地に臨み、そこで感じたものをもとに筆を起こされる姿勢には敬服致しました。氏によってわが村が紹介されることは、私達村民にとってこの上ない喜びであり、感謝に絶えません。

平成二十九年十二月

はじめに

吉野――

奈良の吉野といえば、桜の咲き誇る吉野山を連想される方も多いであろう。

しかしながら、奈良県の行政区である「吉野郡」という地域は、その総面積が奈良県の約五六パーセント、実に奈良県の半分以上を占めている。

桜の吉野山というのは、いわば吉野の玄関口に過ぎないということになる。

県境を接する和歌山県や三重県とともに、「紀伊山地の霊場」として世界遺産にも指定されている、吉野・大峯、熊野三山、高野山。古来、これらの地は、海や山や川、また岩や樹や鳥や獣といった自然の中に、数多《あまた》の「神々」と人々が深い交わりを持った地であり、そこに仏の道も自ずと関わり来ることになった地である。そして、そうした神々と仏が混然一体と融合した「修験道」という日本固有の教えが、生まれるべくして生まれてきた土地でもある。

そのような歴史を通じて育まれてきた吉野の風土は、多くの人々を惹き付けて已《や》まぬ魅力を光の如くに発し続けてきた。その一方で、吉野の風土は多くの翳《かげ》をも生み出してきたのだが、その翳すらもがまた人々を招き寄せる独特の磁場を保ち続けてきたのである。

多く政争に敗れ、追われる身となった者たちの隠棲《いんせい》の地として、吉野の翳の部分は機能した。

古くは、古人大兄皇子《ふるひとのおおえのみこ》。後に天智天皇《てんち》となる中大兄皇子《なかのおおえのみこ》の兄にあたる。皇位継承を巡る中大兄皇子の謀略を察知し、出家して吉野へ逃れたものの、遂に殺害されてしまうこととなった。

中大兄皇子を巡っては、その弟の大海人皇子《おおあまのみこ》（後の天武天皇《てんむ》）もまた吉野を隠棲の地としている。大海人皇子に付き従った鸕野讃良皇女《うののさららのひめみこ》（後の持統天皇《じとう》）共々、やはり皇位継承に関わる骨肉の争いの中で、事前に危険を察知して、吉野の地へと逃れきたのである。吉野の地で大海人皇子は自らが皇位に就くことを思わせる夢を見る。果たしてその夢は現実のものとなり、大海人皇子は天皇の位に就くことになったのである（吉野山の護持院櫻本坊《ごじいんさくらもとぼう》発祥となる「夢見の桜」伝承）。

九郎判官源義経《くろうほうがんみなもとのよしつね》と静御前《しずかごぜん》も、兄である源頼朝《よりとも》によって追われる身となり吉野へと逃げ込んでいる。二人にとって吉野は別れの舞台ともなった。義経は静を京都へ送り返し、自らは鎌倉へと歩を進めたのである。

近世では、幕末の「天誅組《てんちゅうぐみ》（天忠組）」もまた吉野に潜んだ。あるいは維新の魁《さきがけ》とも、尊王攘夷《そんのうじょうい》の志士ともなれたであろう天誅組も、指導者たちの行動の根幹にある思想や信念といったものが、組織全体に充分行き渡らなかったものか、組織力の意外な弱さが露呈しているし、またたった一日違いの廻り合せで、ただの武装化した暴徒と見なされることになってしまう悲劇に見舞われた。

吉野は彼らの活躍の舞台であり、逃亡・隠棲の道筋であり、あるいはやがて最後の死地ともなる。それぞれ結果は、成功への道であったり、非業の死であったり、別れであったりと様々ではあったが、吉野は時運至らなかった者たちを温かく迎え入れ、常に優しく彼らを包み込んだ。それは、吉野という風土と、その風土の中で育まれてきた人々の心が、行動として自然に発露したものだといえよう。

しき嶋のやまとごゝろを人問はば
　朝日にゝほふ山ざくら花

本居宣長《もとおりのりなが》のこの歌に示された「やまとごゝろ」こそ、吉野の風土に育まれた人たちの心そのものである。「やまとごころ」とは、本居宣長自身がまた示しているように「もののあはれ」を見つめ捉えようとする心である。宣長の『源氏物語玉の小櫛《げんじものがたりたまのおぐし》』に説かれるごとく、五感の触れるものに応じて心が動き、また体も動く。それが「あはれ」である。人とのふれあいにおいては、相手の心情を深く理解して思い遣る心、つまり惻隠《そくいん》の情であり、仁徳そのものが「やまとごころ」なのである。しかし、先の戦争では曲解に曲解を重ねられ、帝国主義の国威発揚《こくいはつよう》に利用されてしまうことになった。今だからこそ、正しき「やまとごころ」に触れるべき時節を迎えているのではないだろうか。

そして誰よりも吉野を頼りとして、その身をこの地に委ねたのは、南朝の後醍醐《ごだいご》天皇とその皇胤《こういん》たちであった。吉野の人々は、「やまとごころ」そのままに南朝の人々を、その思いを受け入れてきたのである。

殊に、南朝皇胤たちに寄せた思いの深さを知ることができる、吉野郡川上村の隠れた歴史と伝承を繙いて行こうと思う。

残念ながら、筆者は学究の徒でも、歴史家や郷土史家でもない一介の物書きである。

どこまで書き記すことができるのか、十分に書き切れなければ川上村の皆さんに失礼なのではないか、さまざまな葛藤の中で最後まで筆を折ることなく書き進められたのは、本書執筆のきっかけを作ってくださった岡本彰夫先生、我慢強く待ってくださった京阪奈情報教育出版の住田幸一氏のご協力によるものである。

そして川上村で取材にご協力いただいた、たくさんの方々のおかげであることは言《げん》を俟《ま》たない。心よりお礼を申し上げる次第である。

平成二十九年　立冬の頃

増田　隆

もくじ

第一章　後南朝前夜

さて、「後南朝《ごなんちょう》」という言葉をご存知だろうか？

「南北朝」という言葉であれば、学校で習う歴史の教科書にも載っているので、その背景や人間関係が複雑ではあるものの、「ああ、それなら知っている」という方々も多いことであろう。

「後南朝」を語るには、やはりある程度「南北朝」の動乱のことを知っておいた方がわかりやすい。その南北朝の動乱を活写した、実に長大な軍記『太平記《たいへいき》』という存在があるくらい、本来その部分だけで何冊もの本になってしまう内容であり、実際の背景や流れはもっともっと複雑なものではあるのだが、南北朝時代の朝家《ちょうか》の流れを中心に、その周辺事情の概略を、ごくごく簡便に述べておきたい。

流れを単純化する便宜上、天皇や上皇の名前は、「諱《いみな》」を用いるべきところも「諡《おくりな》」で記載している。「諡」とは、「明治天皇」や「大正天皇」、また「昭和天皇」という称号のことで、これらの名前は基本的に天皇が崩御《ほうぎょ》されて後に「贈り名」として奉られる号である。対して「諱」は、「睦仁《むつひと》」や「嘉仁《よしひと》」、あるいは「裕仁《ひろひと》」といった、いわゆる「本名」（実際は少し違う）のことと思っていただければ良い。上皇と法皇も特に区別せず上皇としている。

また、「持明院統《じみょういんとう》」と「大覚寺統《だいかくじとう》」という名称が出てくる。これは学問上の言葉で、当時使われていた言葉ではない。後に北朝となる系統の天皇が「持明院」を住まいとし、また執務の場所としていたことから、「持明院殿」と呼称されていたこと、後に南朝となる系統の天皇が「大覚寺」を住まいとし、また執務の場所としていたことから、「大覚寺殿」と呼称されていたことにちなみ、北朝に連なる天皇の系譜を「持明院統」、南朝に連なる天皇の系譜を「大覚寺統」と学問的慣習として呼ぶようになったものである。

如何に関係が複雑で混乱していたかということがわかっていただければ良いので、後醍醐《ごだいご》天皇登場までは軽く読み流していただいて構わない。また、南北朝ならばもうよく知っているよ、という方は読み飛ばしていただいても構わない。

また、この前段部分には敢えて年代や年号を入れていない。具体的年数が大切なのは歴史の試験。本章では、おおよその流れと関係性を掴んでいただくことが目的なので、出来事の起こった順序が実際と違うところもあるが、特に断りを入れていないのでご承知願いたい。また小中学生にも読み易くするため、「ふりがな」は全体的に少し多めにつけてある。

南北朝という動乱の時代のきっかけを作ったのは、第八十八代天皇・後嵯峨《ごさが》天皇であるとされる。その端緒《たんしょ》は、後嵯峨天皇の二人の皇子、兄の後深草《ごふかくさ》上皇と弟の亀山《かめやま》天皇の間に生じた亀裂にあると考えてよい。

後嵯峨天皇が上皇となって「治天の君《ちてんのきみ》」として政務を始めるにあたり、まず兄の後深草天皇を即位させたが、あまり健康ではなかったとされるその後深草天皇を早めに退位させて上皇とし、健康で利発であったとされる弟の亀山天皇を即位させた。そして、この二人のどちらを正式に後継者(治天の君)とするかを表明しないままに、後嵯峨上皇は崩御したのである。

「治天の君」とは、政治上の実権を持つ朝家の家督者としての「上皇」、もしくは「天皇」をいう。上皇が治天の君として政務を執ることを「院政《いんせい》」、天皇が治天の君として政務を執ることを「親政《しんせい》」という。

この兄の後深草上皇の流れが「持明院統」であり、後の北朝となる。そして弟の亀山天皇の流れが「大覚寺統」であり、後の南朝となる。

そもそも後嵯峨上皇は、鎌倉幕府の討幕を試みて失敗した「承久《じょうきゅう》の乱」という事件に関与した後鳥羽《ごとば》上皇の嫡孫《ちゃくそん》となるため、元来であれば天皇になり得る立ち位置ではなかった。承久の乱が失敗したことにより、後鳥羽上皇とその皇子である二人の上皇が共に遠流《おんる》され、後鳥羽上皇の孫となる天皇も廃位されてしまう。後鳥羽上皇と共に遠流された上皇の一人が、後嵯峨上皇の父である土御門《つちみかど》上皇であった。

幕府の策により、後鳥羽上皇の兄である親王の皇子が天皇位を継ぐが早逝《そうせい》。さらにその皇子が幼くして天皇位に就いたものの十二歳で夭逝《ようせい》してしまう。そして、いざ次の天皇を選ぶとなった際に、公家側の思惑と鎌倉幕府側の思惑が衝突する。公家側は後鳥羽上皇の嫡孫を即位させることには抵抗があるものの、幕府としては、他の候補の者を天皇にするのはさらに都合が悪い。最終的には幕府の政治的判断によって、いわば偶然の成り行きで後嵯峨天皇が即位することになったのである。

後嵯峨上皇にとっては、幕府によって天皇にしてもらったという恩義がある。そして「天皇」や「上皇」、「治天の君」という立場にあってさえ、次の天皇を定めることもできない。つまり、何を望んでも最後は幕府に覆される、幕府が決めるのだという思いがある。それは、いつの間にか生じた、朝廷と幕府の立場の歴然とした力の差への諦観と呼べるものかもしれない。後継者を指名することもなく崩御したのには、そうした背景があったとも思われる。

さて、御嵯峨上皇の後継に兄と弟のどちらを据えるか。ここで話を単純明快にしたようで難しくしたのが、後嵯峨上皇中宮《ちゅうぐう》で兄弟の実の母親であるところの大宮院姞子《おおみやいんきつし》の言葉であった。後嵯峨上皇の生前の本心、いわゆる「御素意《おんそい》」は「亀山天皇にあった」と述べたのである。大宮院以外の誰も耳にしていない、その「御素意」が「御おきて」となり、兄弟の立場を決定づけた（『増鏡《ますかがみ》』第八「あすか川」）。

これにより、弟の亀山天皇がそのまま政治の中枢にあり続けることになり、結果として兄の後深草上皇は引き下がったが、この措置を「恨めしき御事《おんこと》」と思うようになる(『増鏡』第八「あすか川」)。

亀山天皇はやがて上皇となり、その皇子である後宇多《ごうだ》天皇が即位する。そのまま亀山上皇の大覚寺統が続いてゆけば、あるいは南北朝の時代は訪れなかったのかもしれないが、後深草上皇の持明院統も黙ってはいなかった。後深草上皇と、数名の公卿たちが出家する用意を始め、いわゆる抗議活動に出たのである。政治的手腕が無いと言われた後深草上皇であるが、実際には機を見ること敏であったようだ。ちょうどこの頃、蒙古が九州に迫っており(文永《ぶんえい》の役《えき》)、幕府からは地方の武士達にも九州への出兵が求められていたのである。これは公家の立場から見ると、自分たちの配下にある武士たちまでもが、幕府によって勝手に使われてしまうという支配権の越権であって、幕府に対する公家の反感が高まっていた。しかし、亀山上皇は政治的判断もあってこの幕府の考えを受け容れたために、公家衆は亀山上皇に対しても好ましからざる印象を持つことになったのである。後深草上皇が出家の準備をすることで、さらに幕府や亀山上皇派への反感を高める効果を狙ったのだ。これには鎌倉幕府の執権《しっけん》にして得宗《とくそう》であった北条時宗《ほうじょうときむね》が反応した。

今の時宗朝臣《あそん》もいとめでたき物にて「本院のかく世を思《おぼ》し捨てんずる、いと忝《かたじけな》くあはれなる御事なり。故院の御掟は、やうこそあらめなれど、そこらの御兄《このかみ》にて、させる御誤りもおはしまさざらん、いかでかは、忽ちに、名残りなくは物し給ふべき。いと怠々《たいだい》しきわざなり」とて新院へも奏し、かなたこなたを宥《なだ》め申して、東御方《ひんがしのおんかた》の若宮を坊にたてまつりぬ。

と『増鏡』第九「草枕」にあるように、本院（後深草上皇）が遁世《とんせい》しようとしたことを「あはれ」に考え、故院（後嵯峨上皇）の「御掟」つまり「御素意」はあるけれども、本院の出家を「怠々し」、つまり「あってはならぬことである」と、新院（亀山上皇）へも奏上《そうじょう》し、周辺に起こった反対なども宥めて、後深草上皇の皇子である熙仁《ひろひと》親王（後の伏見《ふしみ》天皇）を立坊《りつぼう》（皇太子とすること。立太子）したのである。それぞれの流れから天皇を即位させるという両統迭立《りょうとうてつりつ》の考え方は、ここから芽生えたと言えるだろう。『増鏡』の「草枕」に、北条時宗自身の考えとして「御二流《おんふたなが》れにて、位にもおはしまさなむと思ひ申しけり」とある通りだ。

こうして大覚寺統の後宇多天皇の後は、持明院統から伏見天皇が即位する。ただ伏見天皇が即位した頃には、まだ両統迭立という考え方が定着していなかったこともあり、大覚寺統に次の皇位が移ることはなく、そのまま持明院統の後伏見《ごふしみ》天皇が即位。しかし大覚寺統の反発によりまたも幕府が介入し、後伏見天皇はわずか三年で退位させられる。

兄弟の関係がますます険悪となり、一触即発の状態となる中、混乱が大きくなる前に再び鎌倉幕府側の政治介入が入った。幕府は、持明院統も大覚寺統も、どちらも絶やしてはならぬとしたのである。両統迭立という考え方は、この時にその形を明らかにしたと言ってよい。

実のところ、鎌倉幕府側にも内部的な勢力争いの問題があり、執権北条師時《もろとき》と得宗北条貞時《さだとき》の関係が良くなかったために、皇位継承問題も幕府内での駆け引き材料のひとつになっていたのだ。

大覚寺統の天皇、上皇の側近であった吉田経長《つねなが》の日記『吉続記《きつぞくき》』に、関東（幕府）から届いた書状の中にその旨の内容が書かれていたことを喜び、「両御流、践祚《せんそ》依違《いい》すべからず」という言葉が、日記の文中に自ら確認して言い含めるように二度も記されている（正安《しょうあん》三年十一月二十五日条）。践祚とは、天皇の跡を継ぐと定められた皇嗣《こうし》が、確かに天皇の地位を受け継ぐことである。さらに関東からの書状には、その皇位継承に関する問題は朝廷側で決めて差支えないこと、武門はそのことに口を出さないことまで書かれてあった。

これには持明院統も大覚寺統も欣喜雀躍《きんきじゃくやく》といった風情で、後深草上皇の提案により、持明院統の後深草上皇、伏見上皇、後伏見上皇、大覚寺統の亀山上皇、後宇多上皇が亀山殿に集り、両統にそれぞれに近い公卿たちも顔を揃えて、盛大な宴を催している。この時の様子は、大覚寺統に仕えていた正親町三条実躬《おおぎまちさんじょうさねみ》の日記『實躬卿記《さねみきょうき》』に記されている（正安四年二月二十三日条）。後伏見上皇が亀山上皇の「御弟子」となって「御鞠《おまり》」つまり蹴鞠《けまり》を教わる約束をしていたのだという。しかも亀山上皇が宴席に出御《しゅつぎょ》の折には、伏見上皇、後伏見上皇が御礼を述べたという。三条実躬は「希代の儀というべきものなり」とこれを称賛。約束であった御鞠の様子が極めて詳細に記され、宴は乱酔に及び、後宇多上皇が笛、伏見上皇と後伏見上皇が琵琶、それに合わせて後深草上皇が朗詠するなどの様子も詳らかに記されている。三条実躬は日記の最後を「凡《およ》そ今日の儀、事の珎重《ちんちょう》に於いて、希代未曾有の事等也」と結んでいる。

ところが、ここで後宇多上皇の「御素意」なるものと、それに対する息子・後宇多上皇の対応が流れを歪め、大覚寺統内に新たな亀裂を生み出してゆく。

既に孫が皇太子になろうかというときに、亀山上皇にそれこそ目に入れても痛くない末子の恒明《つねあき》親王が誕生するのである。亀山上皇はこの恒明親王を可愛がること甚だしく強く、次の天皇に即位させたいと願い、異例の頼みごとを後宇多上皇と伏見上皇の双方に示したのである（『恒明親王立坊事書案《つねあきしんのうりつぼうことがきあん》』）。

後宇多上皇はこれを受けた。

また持明院統の伏見上皇もこれを受けたのである。

ところが、亀山上皇が崩御すると、後に「不孝の君」と激しく非難されることになる息子の後宇多上皇は、恒明親王を無視し、自分の長男の後二条《ごにじょう》天皇を次の天皇と定め、後伏見天皇の後に据えたのである。ところがその後二条天皇はあっけなく早逝してしまう。後伏見上皇はまだ十四歳で子供がなかったため、弟の花園《はなぞの》天皇が即位する。そして花園天皇の次の天皇が、亀山上皇の「御素意」を受けて、恒明親王になったかというとそうはならなかった。後宇多上皇は再び恒明親王を無視、

後醍醐天皇坐像（如意輪寺蔵）
春と秋に特別公開される。

自分の次男である後醍醐天皇をその位置に定めたのである。

ここに異形の第九十六代天皇・後醍醐天皇が登場した。

後醍醐天皇は、傍系《ぼうけい》の傍系、つまり後嵯峨上皇の次男である亀山上皇の長男の後宇多上皇の次男である。通常であれば、天皇という位に就くことは有り得ない立ち位置にあった。後宇多上皇は、後醍醐天皇のことを、長男の後二条天皇の子供、つまり嫡孫を次の天皇位につけることができる状態になるまでの、中継ぎという扱いにしか考えていなかったのである。後宇多上皇は、後醍醐天皇の皇子たちに皇位を継がせてはならないという言葉さえ残した。そうした後醍醐天皇の立場を、「一代主《いちだいのぬし》」という言葉で表した文書も残されている（『近衛家文書《このえけもんじょ》』『後伏見上皇事書案《ごふしみじょうこうことがきあん》【御事書并目安案《おことがきならびにめやすあん》】』）。

しかしながら、後醍醐天皇は自分のそういう立場に強く反発する。自らが徹底した親政を行なうことを志し、鎌倉幕府の討幕を試みる。それも二度。しかしこれは失敗に終わり、後醍醐天皇は隠岐《おき》に流されることになる。

この時、後醍醐天皇は廃され、持明院統の光厳《こうごん》天皇が幕府に推されて即位する。一般に光厳天皇を北朝の第一代天皇としているが、まだ事実上北朝という形にはなっていない。

後醍醐天皇は流されたが、討幕そのものについては、後醍醐天皇の意志を請けた大塔宮護良《おおとうのみやもりなが》親王や信濃宮宗良《しなののみやむねなが》親王、西征将軍宮懐良《せいせいしょうぐんのみやかねなが》親王といった多くの皇子たち、さらには北畠《きたばたけ》一族、楠木《くすのき》一党の働き、足利尊氏《あしかがたかうじ》や新田義貞《にったよしさだ》といった武将たちの働きもあって鎌倉幕府は滅亡する。（後醍醐天皇の皇子たちの名前には二通りの読み方があり、例えば護良親王は「もりなが」「もりよし」、懐良親王は「かねなが」「かねよし」となりますが、本書中では「○○なが」とします。最近は「○○よし」とする方が一般的なようです。）

既に隠岐から脱出していた後醍醐天皇は、自分が廃位されたこと、また光厳天皇が即位したことは明確に否定し、後醍醐天皇自身による親政が開始される（建武《けんむ》の親政）。

そして天皇位は両統迭立の本義に則れば、次は持明院統の花園上皇の皇子がつくことになる。しかし、既にその両統迭立の考えをおこした鎌倉幕府は無く、後醍醐天皇はこれを拒絶した。両統迭立という考えは、単に鎌倉幕府の思い付きによる政策というだけでなく、持明院統の花園上皇が在位中に認めた日記『等閑記《とうかんき》』（『花園院宸記《はなぞのいんしんき》』、一般には『花園天皇宸記』）においても、「両御流皇統断絶すべからず」と記されるほどのものになっていた（元亨《げんきょう》元年十月十三日条）。一方の大覚寺統の側についても、嫡孫に皇位継承を望んだ後宇多上皇の「御素意」は、既に後宇多上皇と後醍醐天皇の力関係が大きく様変わりしていたこともあって、やはり拒絶されてしまう。持明院統にとっても、大覚寺統にとっても、後醍醐天皇は異質の存在となったのである。

ところが、当初は後醍醐天皇の考えに与《くみ》して鎌倉幕府を倒したものの、足利尊氏はその後の後醍醐天皇の政治の在り方に疑問を抱いて反旗を翻す。これには、他の後醍醐天皇親政への不満を募らせつつあった武将たちや、公家衆の中からも同調するものたちがあらわれてきた。

後醍醐天皇は、北畠顕家《あきいえ》、新田義貞といった武将たちに足利尊氏討伐を命じ、尊氏は九州へ敗走する形となる。しかし、九州で体勢を立て直した足利軍は、持明院統の流れにある光厳天皇を旗印として再び東へ軍を進める。新田義貞、楠木正成《くすのきまさしげ》が湊川《みなとがわ》で迎え撃ったが、楠木正成は討ち死にし敗北を喫する。

後醍醐天皇と足利尊氏は和睦を行なうこととなり、足利軍は三種神器を接収し、旗頭とした光厳上皇の弟である光明《こうみょう》天皇を即位させる。

これが実質上の北朝の始まりである。

結果、後醍醐天皇は幕府に追われる形で吉野へ逃れることになる。そして、北朝が接収した三種神器は贋物であり、本物は自分が持っていることを主張して吉野に朝廷を開く。

南朝の始まりである。

北朝、南朝、足利幕府の三者三様の体制の思惑、それぞれの体制の中での個人の思惑、そうしたものが複雑に絡み合い、地域勢力を巻き込みながら、権力闘争が繰り返され、その時代を生きる人々を翻弄した時代が「南北朝時代」なのである。

『太平記』の中に、自らの死を思い定めた後醍醐天皇が最期の言葉として口にされたという「遺勅《いちょく》」が記されている。

玉骨《ぎょっこつ》ハ縦《たと》南山《ひなんざん》ノ苔ニ埋《うず》モルトモ、魂魄《こんぱく》ハ常ニ北闕《ほっけつ》ノ天ヲ望マント思フ

この言葉は凄まじいばかりの怨念に満ちた呪詛《じゅそ》そのものとなり、北朝や幕府のみならず、南朝自身をも呪縛《じゅばく》の中に閉じ込めることになってゆく。

天皇陵は通常南面しているものだが、吉野の如意輪寺境内の一画にある後醍醐天皇塔尾陵《とうのおのみささぎ》は、後醍醐天皇の「意志」を受け、唯一北面した御陵となっている。

南朝の系譜は、後醍醐天皇第八皇子である後村上《ごむらかみ》天皇、後村上天皇の第一皇子である長慶《ちょうけい》天皇と続く。

後醍醐天皇塔尾陵
天皇陵の中では唯一北面する。
（宮内庁撮影掲載許可取得）

後醍醐天皇崩御に先立って、北畠顕家や新田義貞といった有力武将たちが討ち死にしていき、南朝方の劣勢は日に日に募っていくばかりであった。そして四条畷《しじょうなわて》の戦いにおいて楠木正行《まさつら》、楠木正時《まさとき》兄弟が足利方の高師直《こうのもろなお》に討たれると、高師直軍は一気に吉野行宮《あんぐう》を陥落させる。これを受け、後村上天皇は、賀名生《あのう》（現奈良県五條市）へと逃げ延びることになり、南朝方の状況は不利になる一方であった。

ところが、南朝をおびやかした高師直と、足利尊氏の弟である足利直義《ただよし》の政治的衝突が表面化してしまう。この「観応《かんのう》の擾乱《じょうらん》」と呼ばれる幕府の内紛に足利直義が敗れると、直義は南朝に帰順するのである。これに合わせて幕府内に燻っていた武家同士、また武家と公家の対立も表面化し、足利直義に連なる複数の武将たちが南朝に帰順、京都を奪い返すための戦いに発展していく。後村上天皇は、大阪の住吉へと行宮を遷す。

足利直義の勢力が強まり、足利尊氏は直義との和議に踏み切った。和議の条件として高師直の助命と見せ掛けて、これを討ち取る許可を与えたのである。実のところ、尊氏にとっても、政治的権力を強め過ぎた高師直は既に邪魔な存在でもあったのである。和議は成立し、直義軍は高師直を一族もろとも討ち取ることになった。

高一族滅亡によって、足利直義は再び足利尊氏と共に政務に就く。しかし幕府内に燻っていた武家同士の対立の軸は残されたままで、足利直義の復帰をよしとはしない武将たちが多く、足利尊氏はこれ以上の混乱を招くよりはと、足利直義を掃討する決断をする。

そして尊氏は直義が帰順していた南朝から直義追討の綸旨《りんじ》を得るため、南朝に和議を申し入れるのである。南朝は、三種神器返還と政権返上を条件にこの和議を受け入れる。これは事実上、足利尊氏の南朝への無条件降伏に近いものとなったのであるが、それほどまでして尊氏は直義を討たねばならぬという決断をしたのである。後醍醐天皇は北朝の三種神器は贋物であるとしていたのだが、北朝から南朝へと三種神器は接収された。北朝は失われ、南朝が政権を執る形になったのである。これを「正平《しょうへい》の一統《いっとう》」と呼ぶ。

足利尊氏が足利直義追討のために鎌倉へ向かったのを機に、南朝の北畠親房《ちかふさ》は一気に北朝と足利勢力を一掃しようとする。しかし、直義を討ち取った尊氏は再び京都に取って返し、多くの武家の助力も得つつ南朝方を追い詰め京都を奪還するのである。正平の一統による南朝の復権はわずかに四ヶ月ほどで終焉を迎えたのであった。

しかしながら、足利尊氏は形式的なものとはいえ征夷大将軍を解任されており、北朝の光厳上皇、光明上皇、崇光《すこう》上皇と皇太子直仁《なおひと》親王は拉致されて賀名生に移され、三種神器も南朝の手に渡っていたため、南朝を京都から追いやったものの、政権の維持運営を行なうことができない状態に陥っていたのである。

公家衆たちは武家衆とも謀って、光厳上皇、光明上皇の生母である広義門院《こうぎもんいん》寧子《ねいし》を「治天の君」

として崇光上皇の弟である後光厳《ごこうごん》天皇を即位させ、北朝を復活させるという荒業に出た。広義門院は当初強く拒絶していたようだが、公家方の執拗ともいえる説得にようやく応じたのである。そして唯一の女性の上皇として治天の君となったのである。北朝方は、正平の一統そのものを無かったことにしてしまった。

長慶天皇とその周辺はどちらかというと強硬派だったようだ。実は後村上上皇は南北の合一を幾度か試みていた形跡がある。しかし長慶天皇はそれを是とはしなかったようなのである。その後、後村上上皇の第二皇子にして、第九十九代天皇である後亀山《ごかめやま》天皇が即位するが、しばらくは長慶上皇が南北の合一の議論を抑え込んでいた。しかし長慶上皇が崩御すると、後亀山天皇は南北合一へ向けて積極的に動き出す。これは、足利幕府三代将軍義満側からも接触がはかられていたためでもあるようだ。

やがて双方の合一への動きが活発化していく。そしてとうとう後亀山天皇から、第百代天皇となる北朝の後小松《ごこまつ》天皇に三種神器が譲渡されることで南北朝の合一がなされ、およそ六十年もの間に亘って続いてきた動乱の時代はその終焉を迎えることになる。

迎えたはずだった。

まるで後醍醐天皇の呪縛が、その合一を無事には終わらせなかったかの如く、この後さらに百年近くも、いや、歴史上のことばかりでなく、現代社会に至るまでその影を落とすことになるなどと誰が想像したであろう。
南朝は終わらなかったのである。

このあたりから、いわゆる「後南朝」と呼ばれる、日本史の教科書に載ることもない闇の歴史と伝承が動き出す。

しかしながら、如何せん、この「後南朝」という存在は史料に乏しい。

そもそも「後南朝」という言葉は正式な歴史用語として定着していない。

「後南朝」という言葉が最初に使われたのは、江戸末期の儒学者斎藤拙堂《せつどう》が著した『後南朝遺蹟碑記《ごなんちょういせきひき》』とされている（『拙堂文集巻之一』）。

南朝の事。あに言《げん》を忍ばんや。
前南朝なおしかり。いわんや後南朝の式微《しきび》をや。
後南朝とは何。後亀山帝の後を謂うなり。

ここで拙堂は「前南朝」「後南朝」という書き方をしている。南朝の後亀山天皇を基準として、その前半と後半という意味でしかない。

次に「後南朝」という言葉が表舞台に登場するのは大正六年。京都帝国大學助教授の中村直勝が雑誌の『歴史と地理』に寄せた文章となる。もっともこれは、納得して用いた言葉ではないという述懐が、後にまとめなおされた文に記されている。

「後南朝」という言葉が一般的に定着していくきっかけとなったのは、南朝皇胤の五百年忌となる記念として、國學院大學教授の瀧川政次郎監修で吉野の川上村が編纂した『後南朝史論集』であるとされる。

それでも「後南朝」という言葉には、やはり「南北朝」が終わったその「後の南朝」という程度の意味合いしか示されていない。

では、「後南朝」は無かったのか?

そうではない。

南朝の皇胤たちと、それを支援する勢力が南北朝合一後にも間違いなく存在し、さまざまの擾乱《じょうらん》を起こして、朝廷（北朝）や幕府を混乱させてきた事実があったことを曲げることはできない。

幾許《いくばく》かの歴史学者によって、乏しい史料の中から僅かな手がかりが探し出され、仮に「後南朝」と名付けられた、その埋もれた歴史を再構築していくことは為されてきた。為されてはきたのだが、それが史実として果たして立証されたものであるかというと、今もなおそうは言えないのである。

学問としての歴史を語るならば、証拠となるものに基付いていなければならない。しかし後南朝とは「語る勿れ《なか》」の歴史であった可能性がある。証拠となるものは隠されたということも有り得るのである。

平たく言ってしまえば、史実は誰にもわからない。

「後南朝」という歴史の主たる舞台となった川上郷（現奈良県吉野郡川上村）には、親から子へ、子から孫へ代々語り継がれてきた伝承がある。

歴史は常に勝者が生み出して練り上げたものであり、伝承は敗者の秘めた真実を物語るとも言う。

表に見えていないから、記録に残されていないから、それが無かったものであるとは誰にも断言することはできない。

であるならば、川上村に現代の世にまで語り継がれ受け継がれてきている伝承の中には、なんらかの真実の欠片《かけら》が間違いなく静かに眠っているはずなのである。

歴史の教科書のようになるので、あまり載せたくはないのだけれど、人の流れを知るために、系譜はどうしても必要となる。参考の意味も含めて、この時代の系譜を載せておく。

まず図1は、南北朝時代の前夜ともいえる、持明院統と大覚寺統に分裂してゆく天皇の系譜。

ついで図2は、南北朝時代を、その始まりである後醍醐天皇から、その終わりとなる後亀山天皇と後小松天皇にいたる系譜。

そして、いわゆる「後南朝」における南朝皇胤たちの系譜を、世に明らかな様々な史料類が調査・研究された結果から、現在の段階でもっとも確度が高いとされているもの（図3）と、川上郷に伝承されている系譜（図4）を比較的に載せる。

図3と図4の系譜については、どちらにもそれぞれに異説が多くあることはご承知おきいただきたい。

「後南朝」に係る南朝皇胤たちは、明瞭な記録がないために、その名前が明らかでない。「○○宮」という呼称や、その子とか孫という関係が載るのみで、実際の名前が示されていない。ただし、一部の皇胤については、出家後の法名がわかっている場合があり、さらには還俗後の名前が示されていることもある。以下に示す系譜やこの先の本文中に、実名のように記す名前は出家後の法名もしくは還俗後の名であり、出家前までの名前は不明である旨ご留意いただきたい。

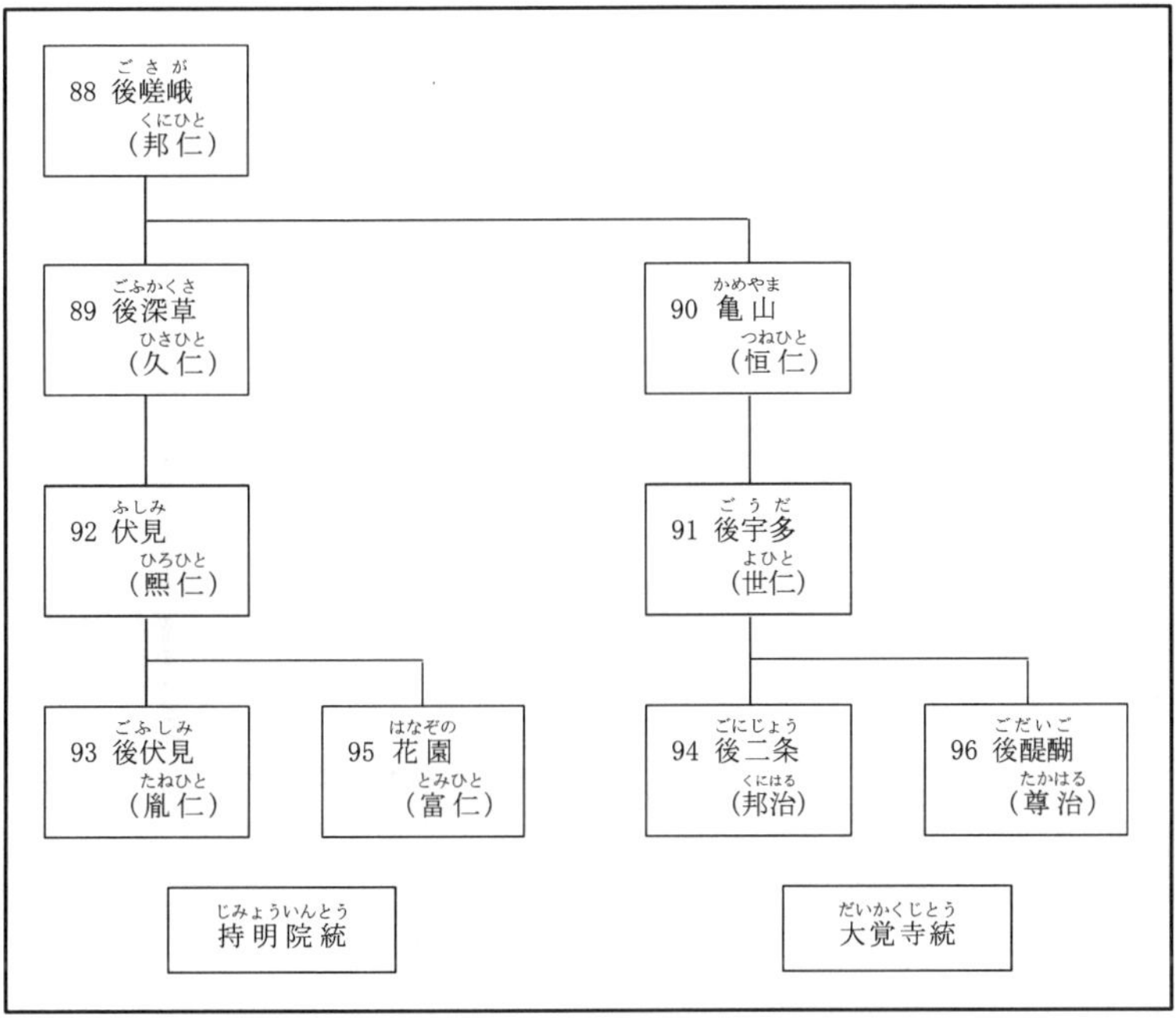

図1　朝家の系譜（南北朝前夜）

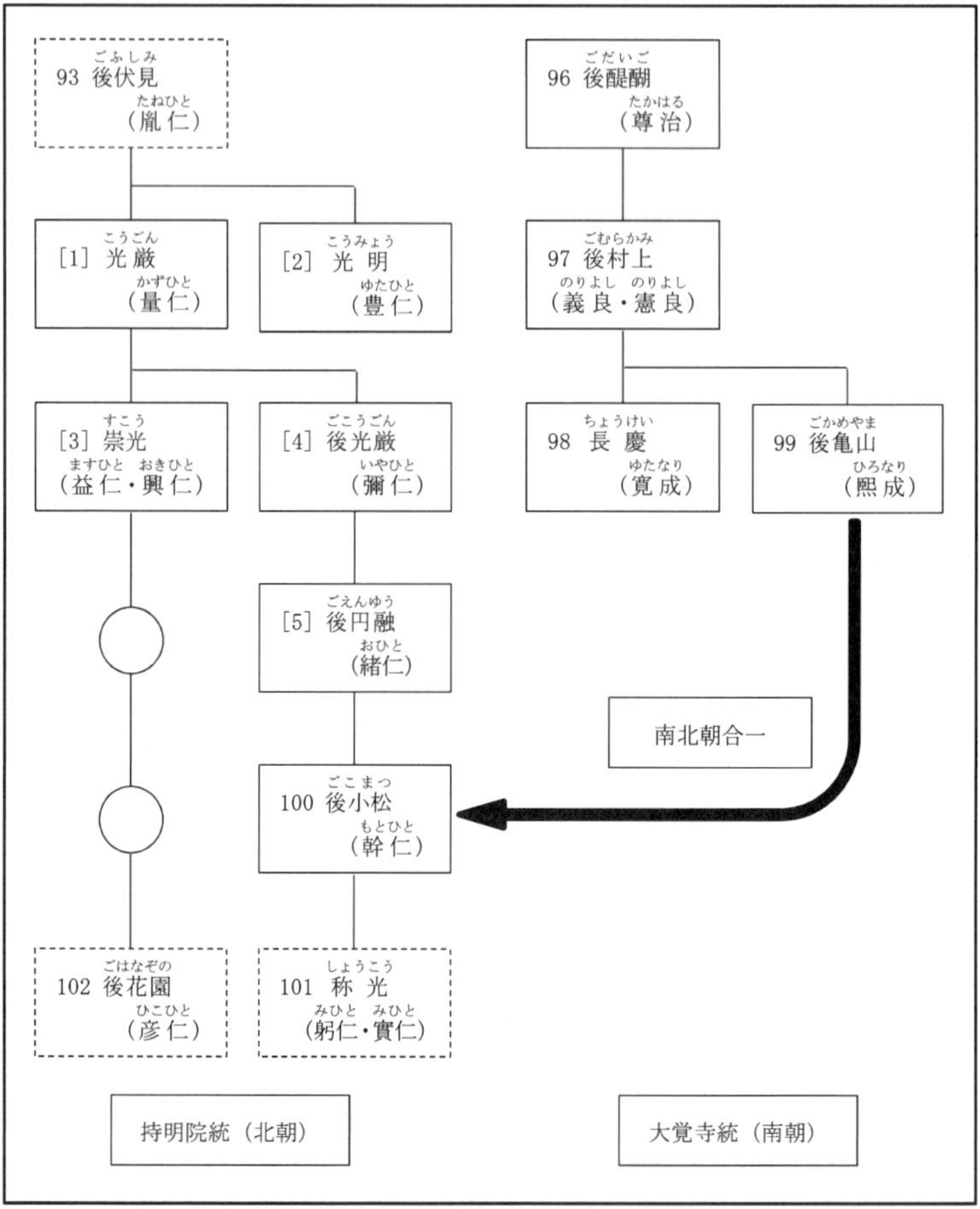

図2　朝家の系譜（南北朝時代）

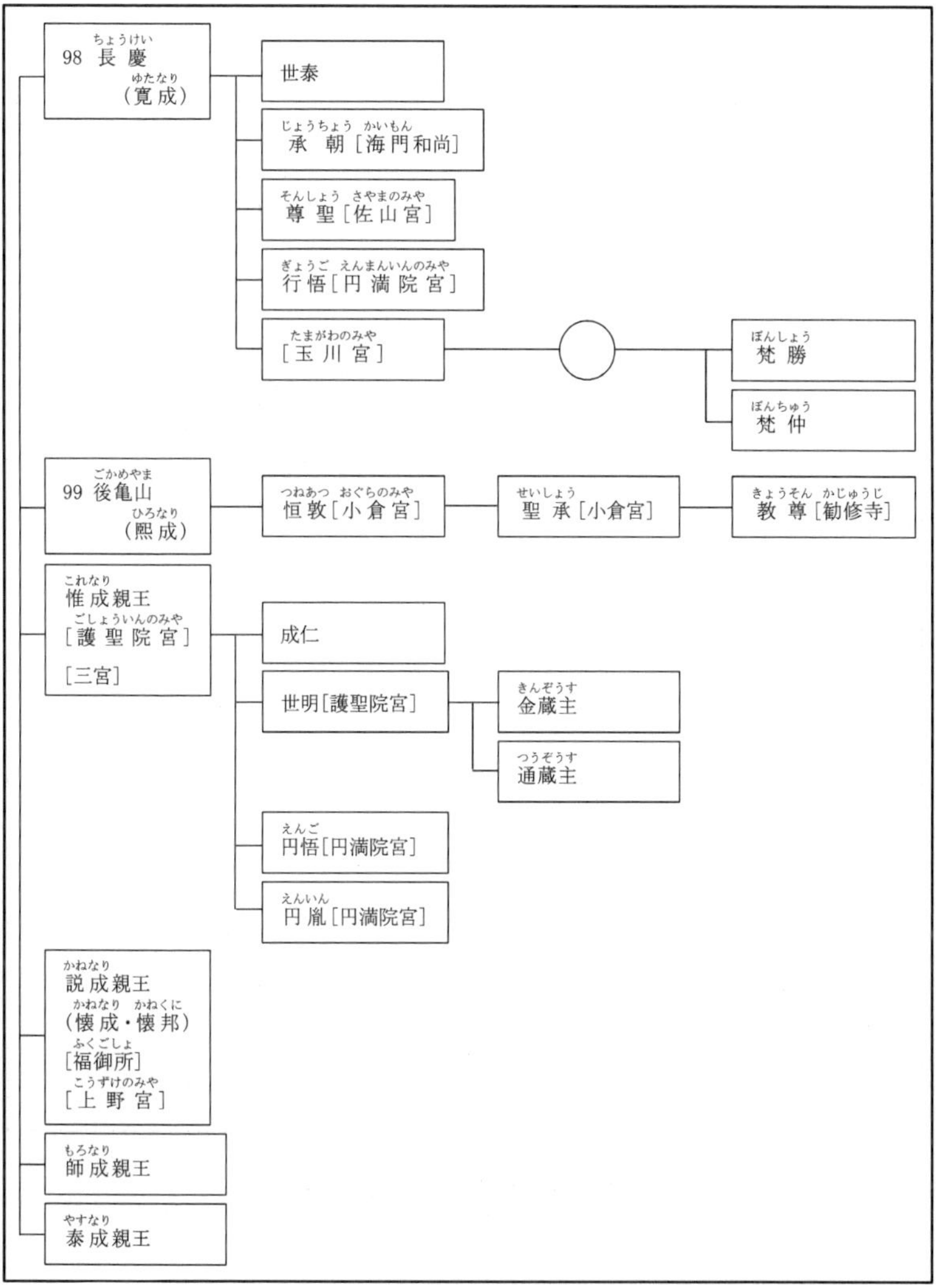
98 長慶《ちょうけい》
(寛成《ゆたなり》)
世泰
承朝《じょうちょう》[海門《かいもん》和尚]
尊聖《そんしょう》[佐山宮《さやまのみや》]
行悟《ぎょうご》[円満院宮《えんまんいんのみや》]
[玉川宮《たまがわのみや》]
梵勝《ぼんしょう》
梵仲《ぼんちゅう》
99 後亀山《ごかめやま》
(熙成《ひろなり》)
恒敦《つねあつ》[小倉宮《おぐらのみや》]
聖承《せいしょう》[小倉宮]
教尊《きょうそん》[勧修寺《かじゅうじ》]
惟成親王《これなり》
[護聖院宮《ごしょういんのみや》]
[三宮]
成仁
世明[護聖院宮]
金蔵主《きんぞうす》
通蔵主《つうぞうす》
円悟《えんご》[円満院宮]
円胤《えんいん》[円満院宮]
説成親王《かねなり》
(懐成《かねなり》・懐邦《かねくに》)
[福御所《ふくごしょ》]
[上野宮《こうずけのみや》]
師成親王《もろなり》
泰成親王《やすなり》

図3　南朝皇胤の系譜

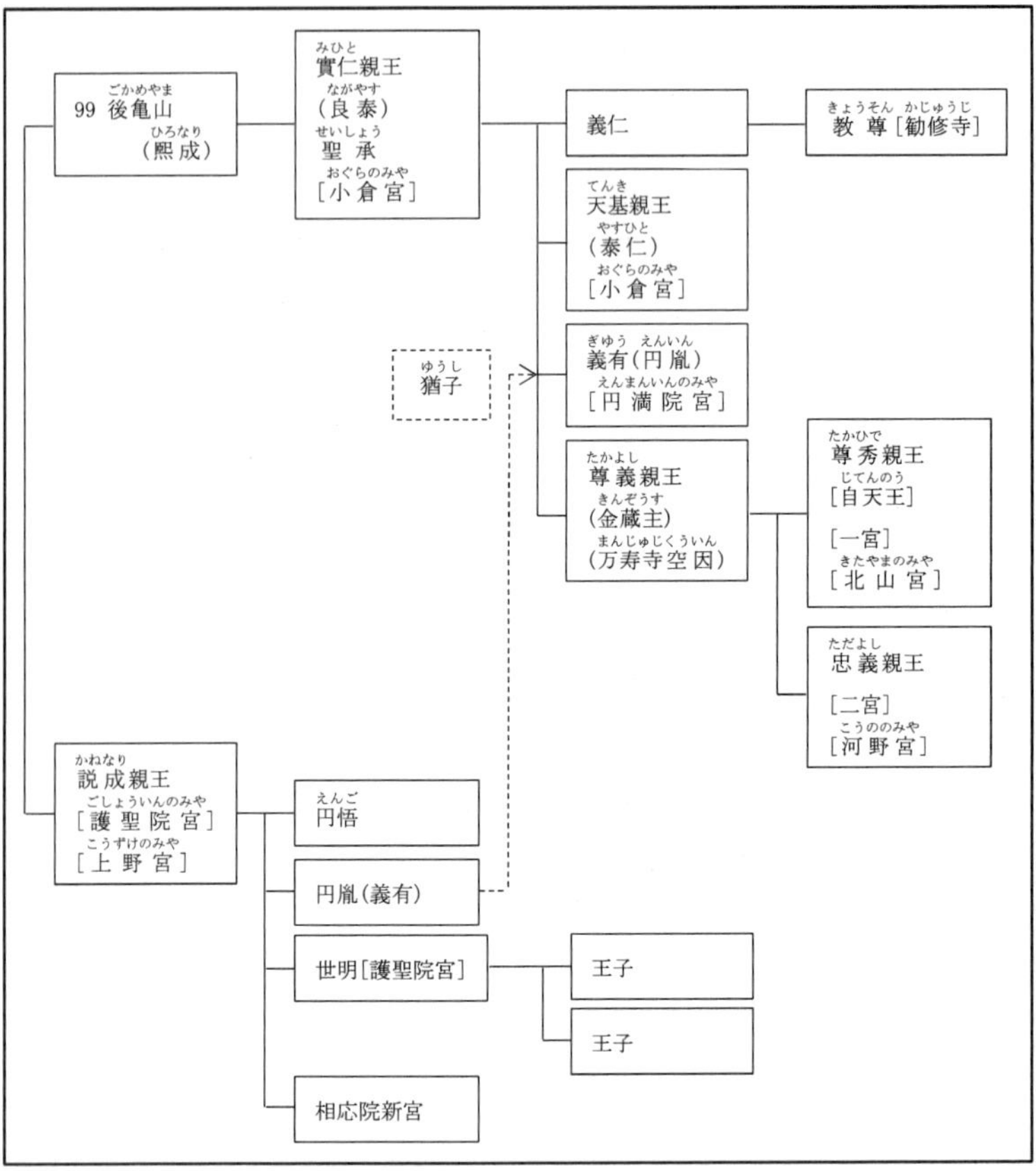

図4　南朝皇胤の系譜（川上郷伝承）

第二章　後南朝哀史・記録篇

明徳の和約（南北朝合一）

北朝と足利幕府は、北朝と南朝の合一にあたり、南朝方と三つの約束を交わした（表面的には四項目）。このことは、三代将軍足利義満が南朝側の交渉窓口であった前内大臣《さきのないだいじん》である阿野実為《あのさねため》に宛てた請文《うけぶみ》の案文（書簡の草案のこと）に窺うことができる（『近衛家文書《このえけもんじょ》』）。

> 御合体の事、連々兼熙《つらつらかねひろ》卿を以って申し合わせ候処、入眼《じゅがん》の条珍重に候。三種神器帰座あるべき上は御譲国《じょうこく》の儀式たるべきの旨、其の意を得候。自今《じこん》以後、両朝の御流相代《あいがわり》の御譲位治定せしめ候ひ畢《おわ》んぬ。就中諸国国衙悉皆御計《なかんずくしょこくこくがことごとくみなおんはからい》たるべく候。長講堂領においては、諸国分一円持明院殿の御進止たるべく候。此等の趣を以って、吉田右府《うふ》禅門相共に執奏あるべく候。御入洛の次第等、なお兼熙卿に申し含め候、其の意を得べく候か。
> 恐々謹言

この請文が出されるにあたり、北朝側窓口として間に立つ吉田兼熙（吉田神社神祇官）と、阿野実為との間での南北合一に係る交渉はほぼ終わっていたことがわかる。「入眼の条珍重に候」の一文がそれを示している。「大仏開眼」や「画龍点睛」といった言葉があるように、「眼を入れる」ということは物事が成就すること、無事に終わることを意味している。義満は、そのお返しとして以下の約束をするので、それで請けてもらえるかどうか、阿野実為と右大臣（右府）吉田宗房《むねふさ》から南帝（後亀山天皇）に伺ってもらいたいと伝えている。

ひとつに、後亀山天皇から後小松天皇への三種神器引渡しは、「譲国儀《じょうこくのぎ》」を以て行なう
ひとつに、今後の皇位継承は南北両朝から「相代《あいがわり》」で行う
ひとつに、南朝方の経済的援助として、「国衙領《こくがりょう》」を南朝領地とする
ひとつに、長講堂は北朝領地とする

「譲国儀」とは、天皇の位を譲ることについての「宣命《せんみょう》」を読み上げることで、「宣命」とは漢字だけの和文体（宣命体）で書かれた天皇の命をいう。漢文体で書かれたものは「詔勅《しょうちょく》」と呼ばれる。正確には、この「宣命」の読み上げ後に、実際の三種神器の譲渡が行われる。この二つの段階を以て行われる儀式が「譲国儀」で、天皇の「即位儀」に先立って行われるものである。

「相代」は、天皇を南北交互に即位させること、つまり「両統迭立」である。

「国衙領」は、「荘園」と呼ばれる私的な土地とは異なって、国が管理する土地を言う。北朝には大規模な「荘園」としての「長講堂領」があるので、「国衙領」は南朝のものとしてその経済的基

盤にしようとするものだ。ただし実際には、国衙領も「国司」と呼ばれた国の派遣した官僚による管理から、土地の有力者たち「守護大名」による管理、さらには直接的支配へと段階的移行するなどしていくため、国の裁量が十分に及ぶとはいえない状況になっており、実際に南朝が自由にできる余地はほとんどなかったといえる。

ところが北朝方は、この幕府と南朝方の約定に驚くことになった。「譲国儀」と「相代」という項目については、北朝としては寝耳に水であったらしい。つまり南北朝合一に係る条件については、幕府が単独で南朝と交渉したもので、北朝には何の相談もなかったようなのだ。北朝としては、首を縦に振るわけにはいかなかったのである。「譲国儀」を行なうということは、一旦南朝を正式の皇位継承者と認め、その天皇から改めて皇位を譲り受けることによって自分たちの正当性を認めてもらうということになる。そのようなことは、北朝としては考えることもできないわけで、ましてや「相代」で皇位継承を行なうなどもってのほかのことであった。北朝はこればかりは頑として肯かなかった。

しかし、いずれにせよ幕府の強引ともいえる推進力により、明徳《めいとく》三年・元中《げんちゅう》九年（一三九二）、南朝と幕府（建前として北朝も）との間に和約が交わされ、同年閏十月五日、後亀山天皇の入洛そして渡御があり、後小松天皇に三種神器が譲渡され後亀山上皇は退位した。これを「明徳の和約《わやく》」と呼ぶ。

しかし、義満の約定がありながらも「譲国儀」が行われることもなく、三種神器は北朝に事実上の接収という形で受け渡されていった。そして結果的に言うと、この後「相代」も果たされることはなかった。

つまり北朝と幕府は、南朝に係わる三つの約束を三つとも反故にしてしまったのである。

殊に、北朝と南朝から交互に天皇を即位させるという「相代」、つまり「両統迭立」の約束が守られなかったことは、三種神器を譲渡した後亀山天皇と南朝方としては、我慢の限界を超える一線でもあった。

ただしかし、「もう良いではないか」として、この流れを受容する南朝方の顔ぶれが多くあったことも、当然といえば当然の成り行きではあった。南北朝の合一がなされたとき、南朝方はかなりの経済的困窮の中にあったのである。しかし、その困窮を解消するための約定も十分に機能するものではなかった。疲弊し切った南朝方には、それでも十分であると考えた人たちもあったのである。しかし、北朝と幕府のこの裏切ともいえる事態を、絶対に許してはならないと考える南朝の勢力は依然として多く存在していた。

南北朝合一により、「北朝」「南朝」という表現は無くなるわけなのだが、わかりやすさの関係でこの先も「北朝」と「南朝」という言葉を使ってゆく。

南北朝の合一は、将軍義満の表向きの思いはともかく、いわば北朝と幕府による（実際には幕府のみの）小芝居のようなものであって、南朝と取り交わされた約束事など、当初から実現される見込みは無かったのである。恐らく南朝方も、そのあたりのことは合一前から認識していた可能性が高い。

それでも後亀山上皇や南朝の臣下は合一後の不遇に耐え、後亀山上皇の皇子が践祚されることに一縷《いちる》の望みを繋いでいた。というのも、そこにはやはり足利義満の約定というものが存在していたからだ。義満は既に将軍として武家の頂点にあり、公家という立ち位置においても従一位太政大臣《じゅいちいだじょうだいじん》であり、さらには義満自らが「治天の君」となるべく画策を重ねていた。そうした人物の約定なのであるから、あるいは実現する可能性も残されていると考えていたわけである。

應永《おうえい》十五年（一四〇八）五月六日、その足利義満が死去。

南朝の、後亀山上皇の願いは潰《つい》えた。

一方で北朝や幕府、あるいは地方の幕府寄りの武家たちから見れば頭上の重石が外れたといえる。南朝方への風当たりは一層強くなってきたのである。

そして、この頃から地方の南朝勢力の胎動が見え始めたことが記録などからも窺える。

『金峰《きんぷ》神社文書』の中の「惣郷定書《そうごうさだめがき》」では、吉野河上（川上）の三村のうちの廿河《にじっこう》（西河）と竹原（高原）の二つの庄が、應永十五年（一四〇八）、南朝皇胤の上野宮《こうずけのみや》に与《くみ》して叛乱を起こして「朝敵」となったため、寺家《じけ》（金峯山寺《きんぷせんじ》）と惣郷がこれを討伐して降参させ、この河上三村は元の通り吉水院《きっすいいん》が知行すると惣郷が決めた旨が書かれている。上野宮は後村上上皇の皇子であり、長慶上皇、後亀山上皇の弟となる説成《かねなり》親王のことで、後醍醐天皇の孫のひとりにあたる。

南北両朝からの「相代」での皇位継承を巡る状況は厳しさを増す。

應永十六年（一四〇九）には、後村上上皇の皇子である惟成《これなり》親王の皇子の成仁《なりひと》王が、赴いていた越前から戻り、醍醐寺地蔵院《だいごじじぞういん》に入室することとなった（『東寺執行日記《とうじしぎょうにっき》』）。

これはつまり南朝皇胤の中から皇位候補となり得るものを出家させることで、その可能性を小さくするという幕府側の対応に他ならない。そして南朝の皇子が践祚されることもなく、北朝が後小松天皇皇子の躬仁《みひと》親王を践祚する動きに入ったことが漏れ聞こえてくる。

後亀山上皇吉野潜幸

そして應永《おうえい》十七年（一四一〇）十一月二十七日、後亀山上皇は突如として京都嵯峨を出奔《しゅっぽん》、ゆかりの地である吉野へと潜幸《せんこう》した（『大乗院日記目録《だいじょういんにっきもくろく》』）。

表向きには、困窮のためにゆかりの地である吉野へ遷ったとされるが、これは明らかに躬仁《みひと》親王践祚《せんそ》の工作を行なっている北朝や幕府に対しての、後亀山上皇の最大級の抗議行動であったことは疑いがない。そして、この後亀山上皇の出奔こそが、「後南朝」の幕開けとなったのである。

應永十九年（一四一二）、北朝の思うまま躬仁親王践祚、應永二十一年（一四一四）に称光《しょうこう》天皇が即位する。

後亀山上皇出奔に呼応し、南朝支持勢力が各地で蜂起した。

應永二十一年（一四一四）に伊勢国司北畠満雅《みつまさ》が決起した記録もあるが、実際に叛乱の火蓋が切って落とされたのは應永二十二年（一四一五）に入ってからのようである（『満済准后日記《まんさいじゅごうにっき》』）。この叛乱は北畠軍の情勢不利で、幕府軍が終始優勢であったにも関わらず、幕府は北畠満雅と和睦することになる。

これは、後亀山上皇自身、あるいは後亀山上皇の弟である上野宮説成《こうずけのみやかねなり》親王が調停のために動いたことと、何よりも幕府内に内訌《ないこう》の影が兆していたことが大きいと思われる（『大乗院日記目録』應永二十二年八月十九日条）。

幕府としては、後亀山上皇が吉野に在り続ける不安を払拭するのが最大優先と考え、所領の復活などを条件に働きかけ、應永二十三年（一四一六）に後亀山上皇は京都大覚寺に還御《かんぎょ》する（『看聞日記《かんもんにっき》』）。

一応の表面的な落ち着きは取り戻したものの、南北朝合一から二十年近くも経ていながら、各地で南朝支持勢力が蜂起した現状から、なおも残されている南朝の存在感をまざまざと見せつけられた形になり、幕府も北朝方も心落ち着くことのない日々が始まったのである。

この後、しばらく南朝方の動きは静まりを見せる。

もっとも南朝としては内輪もめのような事件があったことがわかっている。

應永三十年（一四二三）に、護聖院宮《ごしょういんのみや》と前円満院宮《えんまんいんのみや》の間に、理由と内容はよくわからないものの諍《いさか》いごとが発生した（『看聞日記』應永三十年二月二十日条）。護聖院宮は後亀山天皇の弟の惟成《これなり》親王とその惟成親王の子息の世明王（読み不明）のどちらかであるが、時代的には世明王であろうと考えられる。また前円満院宮については推測が難しいが、世明王の弟の円悟《えんご》、円胤《えんいん》も円満院に入っているものの、兄弟争いとも思いにくく、前とついてあることも含め、惟成親王の兄である長慶天皇の子息行悟《ぎょうご》ではないかと考えられている。いずれにせよ、円満院宮が護聖院宮を殺そうと謀ったものの、逆に護聖院宮が円満院宮を殺し、自らも手傷を負ってしまったという事件であった。皇位継承や北朝との関係に対する意見の相違があったのではないかとした、南北朝史研究の第一人者である村田正志の説がある。

後南朝を巡る後醍醐天皇の皇胤たちは、必ずしもすべてが北朝や幕府と対立する関係にあったわけではなかったことに留意する必要がある。この事件の渦中にあった護聖院宮や、殊に南北朝時代には強硬派であった長慶天皇の皇子たちの多くは、どちらかといえば北朝や幕府寄りの態度を取っていたのである。長慶天皇の皇子の中では、まず海門《かいもん》和尚承朝《じょうちょう》と行悟が、明徳の和約の同じ年の十二月に出家。行悟は円満院門跡に入室している。海門承朝については、京都五山の中枢にあって重鎮としてその名を知られるほどとなり、表向きには南朝皇胤としての立場を見せつつ動きながらも、北朝のためにも様々に尽くしている。ある意味では、他の南朝皇胤たちに対しての抑制効果や、皇胤たちと北朝や幕府との調停役を担っていたともいえる。さらに長慶天皇の皇子である玉川宮《たまがわのみや》も、幕府の新年参賀や義満の七回忌と十三回忌に供物を献じるなどしていることが記録に残されている（『看聞日記』等）。

足利幕府による南朝皇胤対策は止まることはなく、應永三十年（一四二三）には、説成親王の子息である聖淳《しょうじゅん》が、足利家の取り成しをうけて相応院に入室している。取り成しというと聞こえは良いが、実質的な皇位継承権の剥奪である。

そうした中、應永三十一年（一四二四）四月十二日、後亀山上皇崩御。『満濟准后日記』が一言「大覺寺法皇崩御」と記すのみであった。尋常ならざる雷鳴の轟く夜のことであったという。落雷の記事は他の日記などにも詳しい。

小倉宮逐電

後亀山上皇崩御から四年後の正長《しょうちょう》元年（一四二八）七月六日、その孫にあたる小倉宮《おぐらのみや》（後の聖承《せいしょう》）が京都を逐電《ちくでん》した。幕府や北朝方は騒然としたが、小倉宮が伊勢へと向かい、伊勢国司であった北畠満雅《みつまさ》の元にその身を寄せたことがやがて明らかとなってくる。このあたりの成り行きは

『満済准后日記《まんさいじゅごうにっき》』がかなり詳しく記している。

病弱であった称光天皇に皇子は無く、次の天皇をどうするか。南朝の皇子である限り、まずその可能性は無いとは思われるものの、逐電した小倉宮にもその候補となる資格はあったわけである。実際南朝方は、後亀山上皇崩御《ほうぎょ》の翌年あたりから、両統迭立の実現を求めていたことが『看聞日記《かんもんにっき》』に記されている（應永三十二年七月二十九日条）。

しかし称光天皇の容態が篤くなった頃、六代将軍になることが決まっていた足利義宣《よしのぶ》（後に義教《よしのり》と改名）は、持明院統嫡流である伏見宮家の彦仁《ひこひと》王を手元に保護、後小松上皇に謀って彦仁王への践祚《せんそ》を求めた。そもそも後小松上皇は正平《しょうへい》の一統においてかなり無理をして即位させた後光厳天皇の流れにあり、持明院統としては傍流にあたる。その意味では伏見宮の親王を践祚することで、持明院統の系譜が嫡流に戻されることになる。『看聞日記』には、このあたりを示唆する記述が続いている。

小倉宮の突然の逐電には、南朝を排しての幕府や北朝のそうした動きが背景にあった。

七月二十日、称光天皇崩御。

後小松上皇は彦仁王を猶子《ゆうし》として、親王宣下をすることもないまま、七月二十八日には彦仁王を践祚するのである。

持明院統嫡流でありながら、正平の一統以降、不遇の位置にあった『看聞日記』の著者である伏見宮貞成親王《ふしみのみやさだふさ》は、彦仁王の践祚を「神慮」と喜んでいる。因みに、この伏見宮流が現在の皇室につながる宮家となる。

彦仁王践祚と同じ日、南朝の皇胤、長慶天皇の皇子である佐山宮《さやまのみや》が新しい門主として勧修寺《かじゅうじ》へ入室し、尊聖《そんしょう》の法名を名乗る。もちろん南朝皇胤による皇位継承の可能性を絶つためである。

こうした流れの中、小倉宮が身を寄せた北畠満雅は、再び両統迭立の実践が為されなかったことに対し、幕府と敵対関係にある鎌倉公方足利持氏《もちうじ》と連合を組み叛乱の烽火《のろし》を上げた。第六代将軍を選ぶにあたっては、鎌倉公方側にもその可能性があったが、室町側ではまったくこれを考慮しなかったことが、鎌倉側にとって敵対するに十分な理由ではあった。しかし、これに将軍足利義教《よしのり》が激怒、直ちに討伐軍を派遣し戦闘に及ぶ。激戦の中、北畠満雅は正長元年（一四二八）十二月二十一日討ち死にする。

後醍醐天皇の側近中でも重鎮のひとりであった北畠親房《ちかふさ》の流れを汲む北畠満雅は、南朝支持基盤の中でももっとも中心的存在であっただけに、南朝は大きな存在を失ったことになる。北畠家の家督を継いだ満雅の子の教具《のりとも》が七歳の幼少であったため、教具が元服するまで満雅の弟にあたる大河内顕雅《おおかわちあきまさ》が職務を代行することとなった。正長二年三月十五日に将軍となった足利義教との和睦を図り、幕府への恭順の姿勢を見せ北畠家の存続に努めた。これは南朝としてはさらに痛手であったのではなかろうか。

永享《えいきょう》元年（一四二九）十二月二十七日、先に践祚されていた彦仁王が即位し、後花園《ごはなぞの》天皇の時代となる。

後亀山上皇が吉野遷幸《せんこう》した際に、上皇がそのまま吉野に坐すことを幕府が危惧して京都への還御《かんぎょ》を求めたように、小倉宮に対しても吉野に居続けとなることに危惧を抱いて帰京を求めることとした。経済的な支援を約束してのことである。

そうした背景を請けて、小倉宮は永享二年（一四三〇）二月、京都へと戻る（『建内記《けんないき》』）。具体的な事例はあまり表に出てきてはいないのだが、小倉宮（後の聖承）が南朝皇胤の中でももっとも活動的であったと考えられ、吉野にあるときも、京都へ戻ってきてからも、幕府とのやりとりが頻繁にあったようで、『満濟准后日記』や『看聞日記』、『建内記』などに小倉宮の名前が散見される。

川上村における南朝皇胤伝承の中心となるのは、この小倉宮の流れにある皇胤たちである。ただし、この後、歴史の上では小倉宮流によるところの謀叛などの話題は、とある時点に至るまで、誤報を除いてぷっつりと途絶える。

京都へ戻った小倉宮は幕府への恭順を示すようになっている。例えば、足利義教のもとで開かれた参賀の儀式には、南朝の護聖院宮と小倉宮が使者を送って慶賀を示したことが記される（『建内記』永享二年七月二十八日条）。

また同年十月四日頃より、小倉宮と幕府の間で小倉宮の皇子を足利義教の猶子として、勧修寺に入室させる話し合いが持たれた。十一月二十七日、十二歳の皇子は義教の猶子として勧修寺に入室し、得度して教尊《きょうそん》と法名を名乗る（『満濟准后日記』永享二年十月四日条、八日条、十三日条、十五日条、同年十一月二十七日条）。

（永享五年（一四三三）四月、護聖院宮説成親王《ごしょういんのみやときなり》が薨去《こうきょ》（『満濟准后日記』永享五年四月三日条）。その護聖院宮の五歳になる子供を臣籍に降ろそうと考えた幕府が、阿野侍従の意見を聞いていたる。阿野侍従とは、足利義満による南北朝合一にあたって南朝方の窓口として和議に携わっていた阿野実為《さねため》の孫にあたる阿野実治《さねはる》のことである。護聖院宮に仕えていたが、宮家が絶えることになってからは朝廷に仕えていた。阿野侍従は七月四日、幾度か幕府に抵抗を見せた小倉宮と異なり、護聖院宮がずっと幕府に忠実であったことから、その皇子を臣籍降下させる必要はないと答えている（『満濟准后日記』永享五年六月二十六日条、同年七月四日条）。

永享六年（一四三四）二月、小倉宮が海門承朝《かいもんじょうちょう》を戒師として出家し法名聖承《せいしょう》を名乗る（『満濟准后日記』永享六年二月二十五日条）。

同年八月、前年に亡くなった護聖院宮の子供二人が寺に入り喝食となる。阿野侍従に下問のあった五歳の皇子の事ではない。後に大きな事件に関わることになる、通蔵主《つうぞうす》、金蔵主《きんぞうす》のふたりのことである。

そして、この事を伝える『看聞日記』の記事（八月二十日条）には、もうひとつ極めて重要にして重大な事柄が載る。

　およそ南方御一流、今において断絶さるべし

　将軍足利義教は、ここに至って南北朝合一後の混迷に終止符を打とうと思い始めたのである。これまでの足利幕府の南朝方に対する政策は、出家の奨励や臣籍降下によって系譜を途切れさせるものであったが、足利義教はこれを「断絶」、つまり命を奪うことも含め方法を問わず、「根絶やし」にすると決めたのである。

　この足利義教という人物については次の節でもう少し詳しく述べる。

　ここで、奈良、大和国全体に少し目を向けてみる。

　これまで大和全体に大きな支配力を示していた興福寺の勢力が弱まり、衆徒《しゅと》国民から起こった武士たちが勢力を伸ばしてきた時代になる。「衆徒」というのは、一般的には寺院の僧の集団をいうが、ここでは興福寺の二大門跡である大乗院《だいじょういん》と一乗院《いちじょういん》の荘園地主などが自衛のために武装して武士化した者たちをいう。また「国民」とは、神仏混淆の中で興福寺とは一体と捉えられる春日大社の末社において神人《じにん》化していった荘園領主たちをいう。この衆徒と国民を合わせて、大和国人《やまとこくじん》と呼んでいる。当初は一定の規制の中にあった衆徒国民も、やがて独自に勢力を強めていた。南北朝の

争いというのは、興福寺という一山の中においても、一乗院が宮方、大乗院が武家方といった具合に分裂の構図を生んでいた。大和の北方の武士たちは筒井《つつい》氏を棟梁《とうりょう》として大乗院方に与《くみ》し、大和の南方の武士たちは越智《おち》氏を中心として一乗院に与していた。幕府は当然のように大乗院方の筒井氏の後ろ盾となったため、南方の越智氏は足利幕府に対抗する立場となっていた。

こうした情勢の中、正長《しょうちょう》二年（一四二九）七月、大乗院衆徒の豊田氏と、一乗院衆徒の井戸氏の対立が発生。これに端を発し、永享元年（一四二九）には筒井氏と越智氏の両党の争いへと発展してゆく。

この「大和永享の乱《やまとえいきょうのらん》」と呼ばれる争乱はおよそ十年に渡って長引いてしまうことになる。越智氏は、吉野山や多武峯《とうのみね》の衆徒、さらに南朝残党らを味方に、多武峯を中心とした一帯に立て籠もり、幕府軍との対峙を続けていた。

一進一退の戦況が続く中、永享九年（一四三七）七月十一日から十四日にかけて、『東寺執行日記《とうじしぎょうにつき》』、『大乗院日記目録《だいじょういんにっきもくろく》』、『師郷記《もろさとき》』、『看聞日記』といった寺院や公家の日記に、将軍足利義教の弟である、大覚寺義昭《ぎしょう》が逐電したという記事が一斉に踊る。

そこにはどうやら越智氏が内通しているらしいとの情報も入る（『大乗院日記目録』）。またほぼ時を同じくして関東で争乱（「永享の乱」という）を起こしている、鎌倉公方の足利持氏が関与しているのではないかとの噂も入る。

また大覚寺義昭逐電と共に、女房や若宮や傍近くに仕えるものたちも一緒に逐電している。そもそも義昭の出家先が大覚寺であるのだから、南朝と通じているのではないか。すると南朝皇胤の玉川宮《たまがわのみや》と護聖院宮に仕えるものたちが逐電しているらしいとの情報が入り、やがては玉川宮と護聖院宮本人たちも逐電しているとの情報が流れ込んでくる（いずれも『看聞日記』）。どうやら吉野の奥に落ち着き、還俗《げんぞく》して義有《ぎゆう》と名乗っているらしい（『薩戒記《さっかいき》』）。いや、伊勢国司と手を組んで旗揚げをしたらしい（『看聞日記』）。

情報は錯綜して混乱を極めている。

いずれにせよ、これはもう叛逆に違いないとされ、幕府は大規模な討伐に乗り出すことになる。時を合わせたように、河内の国においても、楠木残党が反乱を起こすがこちらはあっさりと討伐されている。

大覚寺義昭が、南朝皇胤である円満院宮円胤《えんまんいんのみやえんいん》を戴いて、吉野の天川郷において旗揚げしたという情報も入ってきた（『薩戒記』）。

越智氏を中心とする大和南方の武士たち、南朝皇胤、さらに大覚寺義昭の連合軍を相手とみなして、幕府の主力軍による総攻撃が開始される。永享十年（一四三八）八月、多武峯全山が焼き払われてしまう（『看聞日記』）。このため多武峯の木造大織冠御影《だいしょくかんみえい》（中臣鎌足像《なかとみのかまたり》）は、難を避けて飛鳥橘寺《たちばなでら》へと遷された（『大乗院日記目録』）。大織冠御影は、次節に述べる大事件の後、嘉吉《かきつ》元年

（一四四一）八月に還御《かんぎょ》。これを祝うのが今も談山《たんざん》神社で続く「嘉吉祭《かきつさい》」であるとされている。大将格であった越智惟通《これみち》が討ち取られ、「大和永享の乱」は一旦終わりを告げることになる。

さて、実際はどうであったか。

どうやら、大覚寺義昭は己の身の危険を感じて、本当の意味で逐電したようで、幕府や北朝が混乱して騒いでいた永享十年三月頃には、既に土佐の地へ逃亡していたらしい。その後、永享十二年には日向《ひゅうが》へと渡り、還俗して尊有《たかもち》と名乗っている。

嘉吉元年三月十三日、最期には幕府の追跡により、薩摩の地で自害している（『看聞日記』嘉吉元年四月八日条）。四月九日（『東寺執行日記』）もしくは十二日（『看聞日記』）には大覚寺義昭の首が上洛。義教は上機嫌であったという。

大覚寺義昭が逐電したときに、歩調を合わせたように逐電した玉川宮と護聖院宮は誰であったのだろう。どちらかといえば、玉川宮も護聖院宮も幕府寄りの姿勢を保っていたと考えられるので、実際に両宮が逐電したとするならば、よほどの身の危険を感じる事態に陥っていたのかもしれないし、両宮とは無関係であるとすれば、実際に逐電した宮家があったのかどうかも含めて、考えてみる必要があるだろう。

また『薩戒記』が記していた、還俗して義有と名乗ったという件は、あるいはその点で意味があるかもしれない。

こうした中、南朝皇胤とは直接的には関係の無いひとつの事件が発生する。それが後に「後南朝最大の悲劇」をもたらすきっかけとなり、今も川上村に残されている「朝拝式《ちょうはいしき》」という南朝皇胤追慕の儀式にも繋がっていく大事件となるのである。

嘉吉の乱と嘉吉の変

「南方御一流断絶」を打ち出した室町幕府第六代将軍は、俗に「籤引《くじびき》将軍」と呼ばれる。誰を将軍にするか、数人の候補の中からまさしく籤引きで選ばれたためである。

候補となったのは、青蓮院《しょうれんいん》門跡《もんぜき》義圓《ぎえん》・相国寺《しょうこくじ》門跡虎山永隆《こざんえいりゅう》・大覚寺門跡義昭《ぎしょう》・梶井《かじい》門跡義承《ぎしょう》の四人。いずれも三代将軍義満の子であり、異母兄弟である。そして男山《おとこやま》石清水《いわしみず》八幡宮の御神託に委ねる形で選ばれたのが、青蓮院門跡義圓である。幕府の幾度かの要請に対して断りを入れていた義圓も、大名たちが繰り返しやってくるので、それならばと腰を上げ、還俗して義宣《よしのぶ》と名乗る。後に、義宣が「世を偲ぶ」に通じるとして義教《よしのり》に改名する。

籤引将軍義教の政治は「恐怖政治」であった。『看聞日記《かんもんにっき》』からいくつか引いてみる。

踏薄氷時節可恐々々

（永享《えいきょう》三年三月二十四日条）

忽被刎首云々、万人恐怖莫言々々

（永享七年二月八日条）

履薄氷之儀恐怖千万、世上も有物言

（永享九年二月九日条）

忽御腹立抜御腰刀金打給、（中略）頗天魔之所爲歟

（永享九年二月十日条）

種々事共託宣、所詮悪將軍之由申云々、不可思儀事風聞、莫言々々

（永享九年十一月六日条）

『後鑑《のちかがみ》』に引かれた『薩戒記《さっかいき》』によれば、その著者である中山定親《さだちか》が数え上げただけでも、公卿五十九名、神官三名、僧侶十一名、女房七名の総勢八十名の処罰を受けた者の名前が挙げられている。実際にはその倍以上の人物が処罰されているだろうとの評もある。そして、この人数には武士や庶民が含まれていない。「万人恐怖」することになった、「忽被刎首」という憂き目にあったのは、比叡山《ひえいざん》で起こった惨劇を路頭で語っていた商人である。

比叡山との対立というのもまた、足利義教の抱えていた大きな問題であった。

義教が還俗する前は青蓮院門跡であったわけだが、比叡山延暦寺《えんりゃくじ》において天台座主《ざす》を務めている時代もあった。つまり比叡山の在り様について、義教には義教なりの様々な思いがあったのだと思われる。

そもそも、義教は十八歳で大僧正の位を授かり、二十六歳の若さで比叡山延暦寺側から多大なる期待をもって天台座主に招かれたのである（『青蓮院文書《しょうれんいんもんじょ》』應永《おうえい》二十四年十二月十三日）。そして義教はその手腕を如何なく発揮し、衰退しつつあった天台宗門を立て直したとまで言われている。

義教が還俗《げんぞく》して将軍職に就いてから、延暦寺山徒《さんと》と幕府の間で諍《いさか》いが起こったものの、なんとか和睦にこぎつける。ところが義教は、最終的に延暦寺山徒の代表四人を和睦後になってから斬首する。このため延暦寺山徒が激怒、二十四人の山徒が根本中堂に火を放って焼身自殺を図るという事態に至ってしまうのである。洛中からも燃え上がる延暦寺の様が望めたことから、洛中は騒然としてしまう。義教はこれを受けて比叡山についての噂を語るものを斬罪にすると触れを出していたのである。

義教の恐怖政治が、武家や公家だけではなく、庶民にも及ぶものであるということが益々義教の評判を落としていく。

そんな義教が将軍職に就いてから目指したものは、父義満の政治であった。すべての規範や行動は義満のそれに倣うことにしたといっても過言ではない。政治的にも経済的にも衰えつつあった室町幕府の再建を図り、それ自体はおおよそ成功してきていたのである。歴史家の中には、義教の政治力を称賛する人も多い。これほど毀誉褒貶《きよほうへん》の激しい将軍も少ないのではなかろうか。

そして、万人恐怖する天魔にして悪将軍の義教を評する別の側面が示された一連の日記を見てみる。

今日又被仰旨御沙汰ヲ正直ニ諸人不含愁訴様ニ有御沙汰度事也
『満濟准后日記《まんさいじゅごうにっき》』正長《しょうちょう》元年五月二十六日条）
以誓言如此面々申條、眞實懇志至、御悦喜殊御本意無極旨
『満濟准后日記』永享三年六月十一日条）
不依尊卑・親疎、任次第可伺申由有仰云々政道無好悪被裁許者尤可叶天心、珎重々々
『建内記《けんないき》』永享十一年六月二十五日条）

義教は、訴訟事に対して公正・公平・公明であろうと務めたのである。人を貴賤や人脈による狎《な》れ合いや、好き嫌いで分け隔てることを良しとはせず、きちんとした基準に則って判断をすることを良しとした。したがって、多くの訴訟事に対する裁許に関しては、高評価を得ていることが多かったのである。その裏返しとして、厳罰による処分もあったとさえ言える。ただその厳罰はあま

りにも極端に過ぎ、非情に過ぎた。また人を分け隔てせぬと表明しておきながら、自分の感情が少しでも阻害されると簡単に立腹してしまう癖《へき》があった。

身の回りに疚《やま》しいことがある者ばかりでなく、何ひとつ疚しいことが無くても、ちょっとした風聞から話が作り上げられてしまう可能性もあり、義教とてすべてにおいて完璧に裁許できるというものでもあるまい。ただし風聞を立てる方もある意味命懸けである。義教が耳にした話が虚偽による悪口だと分かった場合、その言を発した者が処罰され得るのだ。

義教に対する悪評のいくつかは、単なる噂や捏造であったかもしれないが、人々が恐怖と疑心暗鬼の中に置かれたことに変わりはない。

義教が将軍に選ばれることとなった「御神託としての籤引」を決めたのが、ここまでにも日記を多く引用してきた三寶院滿濟准后《さんぽういんまんさいじゅごう》その人である。義教としては、自分が将軍になることができた恩人ということもあろうが、それだけではない。滿濟という人が「黒衣の宰相《こくいのさいしょう》」と呼ばれるだけの実力を備えていたということだろう。義教は、滿濟を師とも父とも仰ぎ、何かというと滿濟の元を訪れて相談ごとなどを行なったり、意見を聞いたりしていた。幕府や公家の間でも滿濟という人の評価は極めて高く、将軍義教に対して意見できるような長老格の幕閣はもちろん他にも存在していたのであろうが、義教という人物の暴走を止め得る唯一の存在が滿濟であったのではなかろうか。

そんな滿濟が永享七年（一四三五）六月十三日に遷化《せんげ》する。

今日三寶院准后［満濟僧正］令薨給（中略）當時無双重人也（『師郷記《もろさとき》』）

抑三寶院准后今朝入滅云々（中略）天下義者也、公方殊御周章云々（『看聞日記』）

「公方殊御周章」とあるように、満濟の死を耳にした義教の周章狼狽《しゅうしょうろうばい》ぶりは尋常ではなかったらしい。義教の行動が一層激しくなり、歯止めがかからなくなってゆくのは満濟の死後のことである。

また一人、また一人と有力な武将や公卿が潰され、また首を刎ねられてゆく。

次は、あの人物だという風聞も湧き起こる。

前段において逐電した異母弟の大覚寺義昭もそうした一人であった。

そしてまた一人、その風聞の渦中に置かれることになった当事者が登場する。

播磨守護の赤松満祐《みつすけ》である。

赤松満祐は、当初どちらかといえば将軍義教とは良好な関係を築き上げており、相応に重用されていたと言っても良い。ただ、その重用が過ぎたこともあってか、満祐が帯びてくる権力も相当なものに膨れ上がっており、周囲からは増上慢とみなされることが多くなってきた。あちこちから恨み事を買うようになってきていたのである。満祐としても、いわば「心当たりがある」わけだ。

満祐は「気が触れた」として隠居し、家督を長男の教康《のりやす》に譲った。

比叡山の件も一通りの治まりを見せ、大和永享の乱も落ち着きを見せ、逐電した大覚寺義昭も討ち取り、鎌倉公方の永享の乱から続く関東方との戦乱（結城《ゆうき》合戦）にも勝利し、南朝勢力が気にかかるとはいえ、将軍義教の当面の敵は姿を消したと思われる状況となった。その結城合戦の祝勝の宴を開くという形で、将軍義教や義教お気に入りの公卿や大名たちが赤松屋敷に招かれた。主人役は赤松教康であるが、もちろん赤松満祐の画策によるものである。

赤松公方入申、（中略）、公方討申、取御首落下云々、仰天周章中々無是非
『看聞日記』嘉吉元年六月二十四日条）

今日渡御赤松宿所、而酉剋許奉討室町殿、（中略）、前代未聞之次第也
『師郷記』嘉吉元年六月二十四日条）

義教贔屓《ひいき》の猿楽役者音阿弥《おんあみ》が演ずる猿楽を鑑賞しているその只中、甲冑に身を固めた赤松家臣がなだれ込み、何事かと思う間もなく将軍義教の首を刎ねてしまうのである。

事の顛末の詳細を現場にいたものから耳にしたのであろう、貞成親王も二十五日の日記に詳しく書いている。そして次のように述べる。

自業自得果無力事歟、将軍如此犬死、古來不聞其例事也

『看聞日記』を記した伏見宮貞成親王《ふしみのみやさだふさ》と、将軍義教との関係もある意味少し不可解なところがあるように思う。持明院統嫡流でありながら不遇の位置にあった貞成親王の子息彦仁《ひこひと》王を践祚《せんそ》して、御花園天皇を即位させた義教への恩義は、貞成親王にとっては「神慮」と感じられるほどのものであった。その後は互いにさまざまの品物を贈ったり贈られたり、そのたびに喜びを日記にも書き記してもいた。その一方で先に述べたような義教の恐怖政治への世間の評判などをそのまま書き連ねて、「莫言」としていたり、最期の様相にいたっては「自業自得」「犬死」とまで書いていたりする。

もっとも貞成親王は『看聞日記』の中に、

宮中雜事、世間巷説、委細記録、後見後憚、努々《ゆめゆめ》不可有他見者也

と書いている。誰かの目に触れるものではないので本心を書き綴っている部分もあるのかもしれない。ただ、この時代の、特に公卿たちの日記というのは、公式記録に近いものがあって、有職故実《ゆうそくこじつ》についての詳細が記されているなど、大変貴重なものとされていて、先祖の日記などは代々家督者が継いでいくものであり、それ自体が価値の高い贈答品になり得たほどだったのである。そ

のお陰もあって、現代にまで日記が残され、こうして歴史をひもとくのに役立ってくれている。貞成親王におかれては心外かもしれないが。

音阿弥の名前が出たところで、少し余談になるのだけれども、将軍足利義教によって佐渡に配流された能楽師の世阿弥《ぜあみ》について触れておく。すべての政治的分野や文化的分野において父親である義満に倣おうとした義教であったが、能楽の世界だけは義満が寵愛した世阿弥とは反りが合わなかった。能楽よりは猿楽を愛したようで、世阿弥と観世元雅《かんぜもとまさ》親子よりも、世阿弥の甥で養子となっていた音阿弥を贔屓とした。それというのも、世阿弥や観世元雅が南朝と繋がりのある大和越智氏と深く関わりを持っていたことも、原因のひとつであったかもしれない。

永享四年（一四三二）十一月十一日、観世元雅は南朝にゆかりの深い吉野天川郷の天河大辨財天《てんかわだいべんざいてん》社（天河神社）に「所願成就円満」と墨書した「阿古父尉《あこぶじょう》」の面を奉納している。その二年後、永享六年、伊勢の安濃津《あのつ》での演能後に突然息を引き取っている。三十代後半でこれからという時期のことでもあり、殺害されたのではないかという憶測も生んでいる。

そしてさらにその二年後の永享八年、元雅の死に打ちのめされている父世阿弥が、七十二歳という年齢で佐渡に流されるのである。世阿弥が佐渡に配流されたという公式の記事は現状どこにも存在していない。日記などでも触れられていない。ただ、世阿弥が娘婿であった金春禅竹《こんぱるぜんちく》へ宛てた佐渡からの書状と、佐渡において執筆されたという能楽書『金島書《きんとうしょ》』の存在によってそれが示されているのみである。

義教が弑殺された後、世阿弥は赦されて京都へ戻ったとする説もあれば、佐渡で生涯を終えたとする説もある。今に伝承される芸能を大成させた人物の晩年として寂寥感を禁じ得ない。

閑話休題。

宴席に招かれていた有力大名たちは、管領《かんれい》細川持之《もちゆき》を始め、畠山持永《もちなが》、山名持豊《もちとよ》、一色教親《いっしきのりちか》、細川持常《もちつね》、大内持世《もちよ》、京極高数《きょうごくたかかず》、山名熙貴《ひろたか》、細川持春、赤松貞村《さだむら》といった顔ぶれであり、公家からは正親町《おおぎまち》三条実雅《さねまさ》といった名前があがっている。

義教の首が取られたその時、これら有力大名たちは立ち向かうどころか、みなみな逃げ惑うばかりで、山名熙貴のみが唯一抵抗の姿勢を見せたものの斬り殺される。京極高数と大内持世は深手を負い、後にその怪我が本で命を落とし、細川持春は片腕を無くしている。却って公家である正親町実雅が太刀を抜いて闘いを挑んだものの斬られて意識を失い、こちらは後に助け出されている。

赤松のものが、自分たちの目的は将軍の首のみで、他の者に危害を加えるのは本望ではないとすることでようやく落ち着き、諸大名や公家は這う這うの体で赤松屋敷を後にするのである。

この将軍義教弑殺《しいさつ》事件を「嘉吉《かきつ》の変《へん》」と呼ぶ。

この後、幕府軍が討伐軍を起して赤松満祐を討ち取る戦乱を「嘉吉《かきつ》の乱《らん》」と呼ぶ。

赤松満祐以下赤松の軍勢は屋敷に立て籠もり、幕府軍がやってきたならば全員が潔く腹を切るつもりでいたのだが、待てど暮らせど幕府軍がやってくる気配が無い。逃げ出した諸大名たちは、これほどの大事なので必ず赤松の味方となる武家が他にもいるに違いないと考えて、自らの屋敷に閉じこもって何も対応策を取らなかった。義教無き幕府の責任者となるはずの、管領の細川持之ですらその有様なので、赤松追討の幕府軍が即時結成されることもなかったのである。

そうなれば、赤松の軍勢も領国である播磨に戻って抵抗を続けようということになり、自らの屋敷に火を放つと、義教の首を持って一路播磨へと向かうのであるが、誰もこの進軍を止めることもなく悠々と引き揚げていく状態だったのである。

足利義教の首の無い遺骸は、翌日になって燃え落ちた赤松屋敷の灰の中から拾い上げられる（『建内記』嘉吉元年六月二十五日条）。

義教の首級《みしるし》は播磨に持ち去られてしまっているのだが、赤松家の支族である上月《こうづき》家出身とされる相国寺鹿苑院《しょうこくじろくおんいん》内の蔭涼軒《いんりょうけん》主季瓊真蘂《きけいしんずい》が七月一日になって播磨の赤松の下に交渉に向かい、赤松満祐はこれを快諾して返還される。真蘂はこの首を京都に持ち帰り、義教の葬儀がようやく七月六日になって足利家菩提寺である等持院《とうじいん》において営まれている（『師郷記』嘉吉元年七月六日条）。季瓊真蘂はこの後に一旦隠居するのであるが、八代将軍足利義政のたっての願いで復帰し、新たな黒衣の宰相として幕政に関わっていくことになる。真蘂は同時代の史料として重要な『蔭涼軒日録《いんりょうけんにちろく》』を記した著者のひとりである。

一方の赤松満祐は、幕府との戦いに挑むにあたっての大義名分として、足利義尊《よしたか》を擁立する（『東寺執行日記』嘉吉元年七月十八日条、『建内記』嘉吉元年七月十七日条、同年八月二十一日条）。足利義尊は足利尊氏の嫡男でありながら（異説あり）、庶子として尊氏に認められることもなく尊氏の弟である直義の養子となり、尊氏とは徹底的に対立して南北朝時代の混乱を深めていたとされる足利直冬《ただふゆ》の孫とされる。

一説にはこのとき、小倉宮の子息を戴いたとするものがある。これには興味深い日記として、『建内記』の嘉吉元年七月十七日条に、「南方御子孫小倉宮御末子奉盗播州赤松歟云々」とあって、小倉宮の末子が赤松勢によって播磨へ連れ出されたというのである。もっともこれは『建内記』著者の万里小路時房《までのこうじときふさ》が「後聞」として「無此儀云々」と否定の追い書きをしている。

幕府による討伐軍は七月十一日になってようやく結成されるが、機敏に動くということもなく、八月一日になってようやく御花園天皇に討伐の綸旨を得る（『建内記』『師郷記』嘉吉元年八月一日条）。公家衆の中には、赤松満祐に対して同情する向きも多く、またこれは武家同士の内々の争いごとであって、赤松満祐自身は決して朝敵ではないとして、治罰綸旨《ちばつりんじ》発行には反対する者も多かったとされる。ようやく幕府軍の本隊の大軍が動いたのは八月十九日になってからであり、最終的に赤松満祐が切腹に追い込まれてしまうのは、九月十日になってからである（『師郷記』嘉吉元年九月十日条）。

赤松家はこの後、事実上「御家断絶」することになる。

そして南朝方からみれば、「南方御一流断絶」を打ち出していた足利義教が、自分たちの預かり知らぬところで、自業自得ともいうべき死に方でこの世を去ったわけであり、安堵の溜め息をついたのではないかと思われるほどである。

ただ、南朝方にも不安材料は残された。

後醍醐天皇の側近中の側近であった北畠親房《ちかふさ》の流れにあり、南朝方の心強い支援者であった伊勢国司の北畠氏であるが、正長元年（一四二八）の戦いにおいて満雅が討ち死にしたあと、長男教具《のりとも》が元服するまでの間、家督を守った満雅の弟の大河内顕雅《おおかわちあきまさ》が、幕府に恭順の意を示して北畠家の維持に務めたことは述べた。そしてこの「嘉吉の乱」のとき、満雅の長男教具は既に元服して名実ともに家督を継いでいた。

将軍義教を当主として宴席に招いた赤松満祐の長男教康《のりやす》であったが、満祐がいよいよ腹を切るとなったとき、赤松家存続のために満祐は教康を逃亡させている（『建内記』嘉吉元年九月二十五日条）。そして教康の妻の従兄にあたる北畠教具を頼って伊勢へ逃げてきたのだが、教具は一旦受け入れたものの匿い続けることを拒絶する。

これを悲観絶望した赤松教康は自害して果てる（『大乗院日記目録』『師郷記』嘉吉元年九月二十八日条）。

共に三代将軍義満の偏諱《へんき》を受けていた赤松満祐と北畠満雅、そして共に六代将軍義教の偏諱を受けていたそれぞれの長男の赤松教康と北畠教具。奇しくも同じ十九歳であった。

北畠教具は、赤松教康の要請を拒絶することで、幕府から北畠家への不必要な追求が入る事を遁れることにしたのである。これは幕府への恭順の姿勢であるとともに、南朝からは相応の距離を置いたということでもある。南朝方としてはこれまで頼りにしていた伊勢を頼みとはできなくなったことになる。

足利義教自身の性格が自らを滅ぼしただけのこの「嘉吉の変」そして「嘉吉の乱」へとつながる流れではあるが、その加害者である赤松一族をめぐって、後に後南朝…川上村に伝承される南朝の皇胤に最大の悲劇をもたらすことになるとは、このときはまだ、当の赤松一族にも、南朝の皇胤や周りを護り固める者たちにもまったく想像すらし得ないことであったに違いない。

弑された足利義教に続く、第七代将軍足利義勝《よしかつ》は就任時わずかに九歳。しかもその幼き将軍義勝は就任してわずか十ヶ月で「赤痢」によって病没してしまう。義勝の病はもっぱら赤松満祐の恨みによるものだとの風評まで立つほどであった。

幼将軍義勝の死後、足利義政《よしまさ》が第八代将軍となるまでに、六年もの将軍空位が続くことになった。

この政情不安の中、後亀山上皇の孫である小倉宮聖承が病没（『看聞日記』嘉吉三年五月七日条、『建内記』嘉吉三年五月九日条）。『建内記』の著者である万里小路時房は、小倉宮示寂《じじゃく》の報を記す中に、小倉宮の遺跡は息子の教尊《きょうそん》がいる勧修寺《かじゅうじ》のものとなったこと、護聖院宮《ごしょういんのみや》世明の二人の子は既に相国寺喝食《しょうこくじかつしき》になっていること、玉川宮《たまがわのみや》が因州に遷されていること、他の南朝皇胤たちもみな禅宗で出家して仏門に入っていることを伝える。

また長慶天皇の皇子であり、京都五山の重鎮となっていた海門承朝《かいもんじょうちょう》がこの世を去った（『建内記』嘉吉三年五月九日条）。「眞俗兼備、法徳無比、可惜〻〻、廣才博覧、一見一聞事更無忘失、天性利根、名望無双、匪直也人」と、その人柄を絶賛する記述がある。

将軍が弑されるという事態も鎮静化の様相を見せてきたのに合わせ、立て続けに南朝の皇胤が亡くなったことは、「南方御一流断絶」ではないものの、幕府や北朝にとっては不安材料が取り除かれる喜ばしい事態であり、京の都に僅かなりといえど、しばしの安寧をもたらすことになったと思われる。

しかしながら将軍職の空位はまだ続いており、決して油断が許されない政治状況が続いていたことに変わりはない。そして、その油断が許されないという正にそのタイミングを突いて、南朝皇胤たちも含めた策謀がめぐらされ、「前代未聞の珍事」が引き起こされる。

禁闕の変

嘉吉《かきつ》三年(一四四三)九月二十三日の子の刻(午後十一時頃)、三百人ほどの「悪党」が禁裏に押し入って乱暴狼藉を働いた上に、あろうことか後花園天皇の土御門《つちみかど》内裏に火を掛けた。事の顛末は、『看聞日記《かんもんにっき》』と、外記局《げききょく》の官人であった中原康富《やすとみ》の記した『康富記《やすとみき》』が非常に詳しい。

この事件の前兆のようなものはあった。

前段で、嘉吉三年五月七日に小倉宮聖承《せいしょう》が薨去《こうきょ》したことは述べたが、その三ヶ月前、嘉吉元年二月二十日に小倉宮聖承に謀叛の企てがあるという噂が流れたのである(『看聞日記』)。ところがその八日後には、それが根も葉もない噂で、小倉宮聖承は病の床にあったことが判明したのである(『看聞日記』同年二月二十八日条)。あるいはこの時、事件の風聞が起こるにいたる何がしかの事柄は実際にあったのかもしれない。

事件当日の夕暮れ頃、そもそも将軍屋敷である室町殿を牢人たちが襲撃するとの噂が流れて、室町殿の警備は厳重に行なわれていた(『看聞日記』)。そしてその噂そのものが、ひとつの策略だったわけである。狙われたのは将軍屋敷ではなく、禁裏、そして天皇自身であったのだ。

その後花園天皇は小袖を羽織って女房の姿に変装して脱出し無事であった。

ただしこのとき、天皇が天皇であるという正統性を示す「三種神器」の内、「八尺瓊勾玉《やさかのにのまがたま》」つまり「神璽《しんじ》」が強奪されてしまったのである。当初、「天叢雲剣《あめのむらくものつるぎ》」つまり「宝剣」も強奪されていたのだが、これは翌日になって清水寺に書簡と共に放置されているところを発見される（『康富記』『師郷記《もろさとき》』二十七日条、『看聞日記』二十八日条）。

三種神器についてあまり深入りはしないが、「八咫鏡《やたのかがみ》（宝鏡）」「天叢雲剣」「八尺瓊勾玉」の中で、唯一失われることも損傷することもなく継承されているとするものが「八尺瓊勾玉」であることの意味するところは大きい。

「悪党」たちはそのまま比叡山に向かい、延暦寺根本中堂や釈迦堂に立て籠もった上で、山徒僧兵たちに自分たちへの同調と蜂起を呼び掛けた。

しかし、比叡山山徒側は既に義教弑殺後の幕府や北朝とは近しい関係を構築しつつあった段階であり、比叡山側が悪党たちの声を受け入れることはなかった。二十四日に、後花園天皇の「悪党」討伐の綸旨が発せられると、比叡山山徒は幕府軍と共に「悪党」に対することになる。

「悪党」たちの敗北は決した。

この凶行はわずかに四日ほどで終結した。幕府の行動は素早く、凶行に加わった者五十名ほどを即刻斬首して六条河原に晒している（『東寺執行日記《とうじしぎょうにっき》』『康富記《やすとみき》』嘉吉三年九月二十六日条）。

この「悪党」の首謀者は後鳥羽上皇の末裔であると称する、源尊秀《みなもとのたかひで》あるいは鳥羽尊秀という人物であったと記録がある（『東寺執行日記』、『康富記』）。

また、このとき「悪党」が奉じたのは「護聖院宮子《ごしょういんのみや》僧兄弟」の金蔵主《きんぞうす》・通蔵主《つうぞうす》であったとも記録される（『看聞日記』『康富記』嘉吉三年九月二十四日条、『師郷記』同二十六日条）。この二人は、小倉宮聖承が出家した同じ年に相国寺喝喰となった兄弟である。護聖院宮はこれまでどちらかというと幕府寄りの姿勢を見せていたことから、あまり幕府からの迫害のようなものは受けていなかった。しかし、護聖院宮世明薨去の際、その遺跡は子息たちのものとはならず、幕府が召し上げてしまっている（『看聞日記』永享《えいきょう》六年八月二十日条）。幕府がそうした対応に出る以上は、護聖院宮の子息たちも何らかの対策を取らねばならなかったということになるのであろう。

この凶行には、名門の公家や武家も数多く加わっており、前の権大納言日野有光《ありみつ》・資親《すけちか》の親子の他にも、細川氏に山名氏といった名前も挙げられているが、具体的に名前の挙がった日野親子とは異なり、こちらは風聞に過ぎなかったようである。

あるいは、細川、山名両氏にもそれだけの風聞が立つ背景は既にあったのではあろう。細川氏と山名氏は後に京都を焼け野原と化すことになる応仁の乱において衝突する関係にあるのだが、この頃既に瀬戸内海の交易に係る利潤を巡って相応の対立関係があった。ただし、この頃はまだ畠山氏などの別の勢力もあって、互いに牽制し合う程度のものではあった。

日野有光と金蔵主は叡山において討ち取られ、通蔵主は捕えられて後、配流先へ送られる途中に斬り殺されている（『東寺執行日記』嘉吉三年十月四日条）。後に日野資親も首を斬られている（『康富記』)。

首謀者であるとされた源尊秀は、その場で殺されたとも、また逃亡して行方がわからなくなったともされる。あるいは源尊秀という人物そのものが実在していたのか否かも、また実在したとしてもその生死についてははっきりしていない(『康富記』)。

事件そのものは、日野親子と源尊秀が金蔵主・通蔵主を戴いたものであったが、実際のところ中心的に動いていたのは、楠木正秀《まさひで》率いる楠木軍であったともされる。もっとも楠木一族の関与については『十津河之記《とつかわのき》』に記されるのみで、日記や公的な記録には残されていない。

この凶行は赤松一党の所為であるとしているものもある(『大乗院日記目録《だいじょういんにっきもくろく》』)。赤松の牢人たちが関与したという具体的証拠となるものが残されていないので、風聞とすることもできるが、実際に関与していないとも断定はできない。もし赤松の遺臣たちがこの事件に関与していたとすれば、そのことは後々ひとつの鍵となってくるのかもしれない。

先に薨去した小倉宮が、幕府に対して恭順する意を示す証として、子息を勧修寺に入室させ(教尊《きょうそん》)、自らも出家していた(聖承)のだが、「禁闕《きんけつ》の変」の中に南朝の皇胤の影があったため、「関与する事疑いなし」として、教尊は捕えられ隠岐に配流されてしまっている(『看聞日記』『東寺執行日記』嘉吉三年十月二日条)。教尊は隠岐でその生涯を閉じることになった。

首謀者たちは、討ち死にするか、刑死してしまっているのだが、奪われた「神璽」はとうとう姿を見せることもなく、杳《よう》として失われてしまったのである。

後南朝そのものが曖昧としたものであるが、ある程度までは歴史と背中合わせにその存在が裏付けられている。しかしながら、歴史的事実の間に存在する伝承の影は、小倉宮聖承を境にその濃密さを増して、後半になればなるほどその闇を深めて行くのである。

長禄の変

そして後南朝最大の悲劇の幕が開く。

禁闕《きんけつ》の変によって強奪された神璽《しんじ》は、とうとうその行方がわからなくなってしまった。

その禁闕の変から、これから述べる、いわゆる長禄《ちょうろく》の変に至るまでには、十四年の歳月が空いている。長禄の変を「いわゆる」としたのは、どうやらまだ歴史用語として、その言葉が定着していないらしいのである。朝家《ちょうか》の歴史を語る上でも重要な位置付けを持つとは思われるのだが、やはり三種神器を語ることが禁忌とされがちであるからか、さらりと流される感じがある。あるいはまだ調査研究途上にあるといってもいいのかもしれない。

長禄の変とは、簡単に言ってしまえば、禁闕の変によって失われてしまった「三種神器」を廻る南朝と赤松遺臣たちの争乱と南朝皇胤の死、そして赤松遺臣による「三種神器」発見争奪と京都へ還されるまでの二年に亘る二つの大きな事件を言う。

長禄の変そのものについて述べる前に、禁闕の変から長禄の変までの十四年間について、まずは触れておく。その十四年の間に、何もなかったというわけではなく、南朝皇胤を旗印とした小さな蜂起が紀伊半島を中心としていくつか起こっている。

文安《ぶんあん》元年（一四四三）八月、大和吉野奥において南方宮が旗揚げしたらしいとの記録がある（『康富記《やすとみき》』同月六日条、『高野春秋編年輯録《こうやしゅんじゅうへんねんしゅうろく》』文安元年八月条）。

『康富記』の同日の日記の中には、「またある説に云く、吉野の奥といふとも大和国にあらず」として、紀伊国の北山・南山において旗揚げしたのではないかともしている。この旗揚げに関しては「上野宮《こうずけのみや》部類か」との記述はあるが、どの系譜の宮によるものかは判然としていない。

『高野春秋編年輯録』には、「小倉殿王子円満院《えんまんいん》門主」という記述があるが、小倉宮から円満院門主となった子息はなく、円満院との関係でいうと、護聖院宮惟成《ごしょういんのみやこれなり》親王の子息である円胤《えんいん》、円悟《えんご》のいずれかによる旗揚げであったと考えることができる。

いずれにしても、この旗揚げのその後を記したものがなく、具体的な争乱には至らなかったか、あるいは規模の小さいものではなかったかと思われる。

また文安四年（一四四七）にも紀伊において蜂起があった旨の記録が残されている。このことを記す『康富記』や『師郷記《もろさとき》』、また『東寺執行日記《とうじしぎょうにつき》』などの記録は、文安五年正月に入ってからのものであるが、文中「去年十二月二十二日」に蜂起があったとある。この蜂起は、紀伊国守護の畠山持国《もちくに》によって制圧され、南方宮は討ち取られたこと、またその南方宮の首級《みしるし》が、文安五年正月九日、もしくは十日に京都へ運ばれてきたことが記されている。

『康富記』において「南朝護性院《（ママ）》部類」とあり、円満院門跡であった円胤、円悟との関係が考えられ、あるいは文安元年の蜂起の再燃であったのかもしれない。円胤や円悟が、どの段階で出家し、また還俗したのかはわからないが、護聖院宮の系譜は、南朝の皇胤の中でも早くから幕府寄りにあったと考えられている。その系譜にある出家の皇胤が、還俗してまで蜂起の挙に出るからには相応の理由があったのであろう。

享徳《きょうとく》四年（一四五六）二月二十九日、玉川宮《たまがわのみや》の系譜で喝食《かつしき》として相国寺《しょうこくじ》に入っていた梵勝《ぼんしょう》・梵仲《ぼんちゅう》の兄弟が揃って逐電した（『康富記』）。先の護聖院宮同様、玉川宮も南北合一後は基本的に幕府寄りの対応を取ってきた宮家である。その子息たちが出家していたにも関わらず、逐電を余儀なくされ、また蜂起の旗印となるなどしなければならなかったのは、やはり幕府にとって厄介な存在であるとして、その命を狙われるなどの危険に晒される状態にまで追い込まれていたのではないだろうか。「禁闕の変」において、小倉宮から出家していた教尊《きょうそん》が関与を疑われ、隠岐へ流されたことも、それぞれの皇胤たちの胸に刻まれていたであろう。

長禄元年（一四五七）十一月、あらためて別の南方宮が蜂起したことが、『大乗院寺社雑事記《だいじょういんじしゃぞうじき》』や『經覺私要鈔《きょうかくしようしょう》』に記録されている。『大乗院寺社雑事記』には、南方宮が愛染宝塔《あいぜんほうとう》において吉野寺《よしのでら》（金峯山寺《きんぷせんじ》）を攻め、南方宮方が打ち勝ったとある（同月二日条）。ところが、四日になると、大衆（金峯山寺）が打ち負かされていたのにも関わらず、宮方の軍勢が引き上げて行ってしまったということが記されている。その背景に何があったのかはわからないが、わずかに一日ばかりで南方宮は退却していったのであった。

そして長禄元年十二月、ひとつの事件が記録される。

去る二日、吉野川上に於いて、南方の宮兄弟打たれ了わんぬ。頭においては、吉野にて荼《だ》すと云々。神璽南方に御座と云々。但し在所を知らざるものなりと云々。

（『大乗院寺社雑事記』同月十三日条）

南帝事、一宮・二宮共にもつて打ち奉る云々。小川者四人、越智被官人相加わると云々。実説いかん。

（『經覺私要鈔』同月十一日条）

実は、川上村に伝承される南朝の皇胤たちの最大の悲劇は、歴史の上では、僅かにこの数行に尽きてしまうのである。

おかしな話だが、川上村の後南朝哀史の主役は、その最期の時をもって、ようやく歴史の上にその存在を記されるのである。

伊勢に逐電して伊勢国司北畠満雅《みつまさ》の挙兵に呼応し、その満雅の死によって失敗に終わった叛乱の後に京都へ戻った小倉宮の流れにある皇胤とされる。小倉宮は聖承以降、その小倉宮流に何が起こっていたのか歴史の上では詳らかではない。長禄の変においても、その実の名前も記されず、また小倉宮の流れにあるとも記されていない。「南方の宮兄弟」、「一宮・二宮」と記されるばかりである。

この「長禄の変」をひもとくにあたって、リアルタイム性をもった記録は存在していないが、事件の渦中にあった当事者たちの「体験」「記憶」、あるいは誤解を恐れずに言えば、「想像」「創作」に係る部分も含むであろう「記録」は残されている。『嘉吉記《かきつき》』『上月記《こうづきき》』『赤松記《あかまつき》』である。

このうち『嘉吉記』は、制作年代や作者も不明で、嘉吉の変から赤松家再興までの成り行きを編年体で記してはあるものの、およそ別の記録から主要な事項を抜粋したものという感は否めず、史料としての価値を見ることはできなさそうである。

『赤松記』については、因幡守《いなばのかみ》入道定阿《じょうあ》という赤松一族の人物が記したものではあるものの、その時期が天正《てんしょう》十六年（一五八八）であって、長禄の変からは一三〇年を経て書かれていることから、これも別の記録に拠って編纂された記録であると捉えることができる。つまり、長禄の変についての基本的な事柄は、おおよそ『上月記』から窺い知ることになる。

『上月記』は『群書類従《ぐんしょるいじゅう》』などに見られる題名であるが、実際には「南方御退治条々《なんぽうおたいじじょうじょう》」と書き始められた「上月文書《こうづきもんじょ》」の中の一文書であり、堀秀世《ほりひでよ》・上月満吉《こうづきみつよし》の二人が連署した注進状という性格を持っている。この『上月記』すらもが、事件からは二十年を経て書かれているために、全ての側面において正確性や信憑性を見ることができるかは若干余地を残しているといえる。ただし連署した一人である上月満吉は、実際に長禄の変において二宮の首を斬ったとされる、まさに事件の渦中にあった人物であるため、そこに一定の史料的価値を見出さざるを得ない部分がある。そこで、内容的なものについては『上月記』を基本とし、表現的な部分で『赤松記』を引くというスタイルが、もっとも良いようである。

嘉吉の乱において、赤松満祐《みつすけ》が将軍足利義教《よしのり》を弑逆《しいぎゃく》したことにより、赤松一族は凋落の一途をたどってしまったわけであるが、禁闕の変以後、誰がどういう成り行きでその情報を掴んだのかなどの仔細はわからぬものの、北朝・後花園天皇、幕府・足利義政、そして赤松一族の三者の間で、ひとつの約束事が取り決められた。

もし、赤松のものが、南帝両宮を討ち取り、失われた神璽を取り返せたならば、時の赤松一族の「御屋形様《おやかたさま》」である赤松政則《まさのり》をもって家督を許し、赤松主家の再興を果たすというものである。

『上月記』において大きな意味を持つのは、南朝皇胤に対して「御退治」という言葉が用いられていることである。南朝という存在も、既に「退治」される対象として捉えられていたということになる。『上月記』の記述からは、その「御退治」に対して綸旨《りんじ》と御内書《ごないしょ》が発せられている点が目を引く。綸旨とは天皇（もしくは上皇）によって発せられる命であり、御内書は将軍によって発せられる命である。ここに赤松一族と、朝廷と幕府との約束の固さを見て取ることができる。

赤松遺臣たちは動いた。

康正《こうしょう》二年（一四五六）十二月二十日、川上郷入りした赤松遺臣たちは念入りに南帝両宮や川上郷士たちの信用を取り付けて中に入り込み、その内情を具《つぶさ》に調べ上げていった。我らもまた幕府によって家を取り潰されるという悲劇を経てきた同志である。赤松一党はそういう立ち位置であったろうか。川上郷の人たちにとって、これまでも弱き敗残のものを受け入れてきたという、吉野の心意気がそれを受けさせてしまったのかもしれない。

終《つい》に次の年長禄元年丁丑十二月二日の夜子の刻。大雪降り御油斷の時刻を伺ひ。両宮へ二手に成一度に攻入。北山にて一の宮をば丹生屋帯左衛門。同弟四郎左衛門兄弟にて討申。御頭をば帯刀取申候。彼内裏の御たから神璽をもとりてのき申候。吉野十八郷の者起り。跡より追ひ懸候間。御頸を隠し置候得ば奇特なることにて。血涌上り其血にてあらはれ。兄弟共に伯母谷と申所にて致討死候。其時神璽をも取かへされ候。扨又二の宮をも同じ時分に打はたし申候。是は中村彈正御首給り候へども。是も郷民起り致討死候。両宮の間大山共隔て道遠く候といへども。赤松衆互に堅く申合。同じ時節に打果し申候。（『赤松記』）

丹生屋帯刀左衛門と四郎左衛門という兄弟が尊秀王と伺候人の井口三郎左衛門の二人を斬り、尊秀王の首と神璽を奪った。一方、河野御所を襲った刺客は、逃げる忠義王を追いかけ、間島彦太郎が忠義王を押さえつけ、上月左近将監が一撃を加え、中村弾正忠が首をかきとったのだという。

北山郷の北山行宮に座していた一宮、川上郷の河野行宮に座していた二宮、それぞれの御座所を時を合わせて襲撃。赤松残党は両宮の首級《みしるし》を取り上げることに成功したのである。

しかし、この時には神璽はとうとう発見されなかった。あるいは一度は奪ったものの、再び郷士たちに奪い返されてしまったという。

それゆえか、首級も京都へ持ち去られることなく吉野で荼毘に付されたことが記されている。ただし、神璽が南方に存在していることはこのとき明瞭になった。翌長禄二年（一四五八）三月の末に、北山宮の母が持っていたという神璽を奪い取り、これを京都に持ち帰ることになる。このあたりのことは、あまり詳細に記したものがない。

そして、赤松一族はこの功績が認められ、約束の御家再興を果たすのであった。またこのとき、赤松一族に協力したのが、かつて大和永享の乱などにおいては、どちらかといえば南朝に尽くしてきた越智一族の末であったことも、南朝としては不幸なことであったといえようか。

嘉吉の乱は、悪将軍・足利義教を恐れた赤松満祐がこれを弑したという、いわば幕府方内々の揉め事であって、直接南方には関係がない事件であった。しかしその事件で赤松一族が持った幕府への負い目と、御家再興という熱い思いが、時を経て長禄の変という形で、一宮・二宮がその命を奪われるという、後南朝最大の悲劇をもたらしてしまうことになったのである。

そしてようやく川上村の伝承へと話は進んでいく。

第三章　後南朝哀史・紀行篇

東川住吉神社・小倉宮實仁親王御墓

奈良市内から桜井市を経て吉野町へ入り、吉野川を遡行するように川上村へと入る。奥へ入るほどに移り行く景観は別天地の風情を醸し出す。

途中で吉野川を離れ、支流を遡ると「東川《うのがわ》」という集落に入る。元は「鵜川」であったらしいが、「卯川」とも「烏川」とも書かれたことがあるらしい。

特に意味はないのかもしれないが、「卯」は「東」の方角であるし、「烏」は太陽の象徴として捉えれば日の出の方角を示すともいえ、興味深いところである。

近くには「烏川神社」と「運川寺《うんせんじ》」がある。寺の名前の「運川」も「うのかわ」からきているそうだ。

運川寺もかつては後に述べる朝拝式が行われたこともあるそうだが、朝拝式が一ヶ所にまとめて行なわれるようになってからは、

運川寺

烏川神社

「縁が切れたような感じで…」

とは、お寺の奥様であろうか、境内におられた女性との会話である。

住吉神社は東川集落の入り口あたりの小高い丘というか、山の上に鎮座される。土地の七〇歳代くらいの男性が、参道の入り口あたりのバス停や側溝を掃除しておられ、しばらく立ち話をする。

昔は住吉神社の祭礼も賑やかで、近隣から多くの人々が集まり、神事の後には餅撒きなども行われていたのだそうだ。今では年に一度の神事だけが行われ、普段は掃除に来ることもないという。

「後南朝」という言葉を出してみる。

「ああ、この上んとこが古墳みたいになっとるわ」

道は掃除もされていないので気を付けて、と見送られな

東川住吉神社鎮座地
鎮座の山を見上げる。

がら参道を行けば、かなりの斜度がある石段が少しばかりあった後は、石段なのだか自然石なのだかわからない坂道が続き、やがては苔生す木の根道となり、ほどなく丘の頂上近くに鎮座される住吉神社に辿り着く。立ち話をした男性が言われたように、古墳とまでは言わないが、神社本殿背後はこんもりとした墳丘と呼べなくもないような場所があった。

東川住吉神社参道
小倉宮實仁親王御墓の
石碑が建つ

これが「小倉宮實仁《おぐらのみやみひと》親王御墓」と伝わるところである。

かつて宮内省がこの御墓を数回確認したことがあるという。そして円墳の形状を具えているので、大切にするようにという指導があったそうである。特にその後指定などはない。

正史では、小倉宮實仁という親王は存在しない。小倉宮と称するのは、後亀山上皇の子の恒敦《つねあつ》と、その子の聖承《せいしょう》（出家後の法名）である。

これに対して、川上村の伝承では、後亀山上皇の皇子の實仁親王が小倉宮聖承であるとする。

正史では、小倉宮聖承は京都で没したことになっているが、伝承では、朝廷や幕府に対して南朝支持勢力が立て続けに蜂起などする中、京都からこの東川に遷ったのだとしている。

そこに、護聖院宮《ごしょういんのみや》の子息で円満院に入っていた円胤《えんいん》（後に小倉宮實仁親王の猶子《ゆうし》となり義有と名乗る）が加わっている。

こうした顔ぶれで、この東川の行宮《あんぐう》で「禁闕の変」への謀議を重ねていたのだともしている。

どの宮家の子息で、どのような形であったかはわからないが、義有という名前の人物はいたのではないかと思われる。というのも、足利義教《よしのり》の弟であった大覚寺義昭《ぎしょう》が逐電した際に、吉野の奥で還俗《げんぞく》して義有と名乗ったという記録があるためである（『薩戒記《さっかいき》』）。当時の風聞では大覚寺義昭であり、川上村の伝承としては護聖院宮円胤がこれにあたる。どちらが正しいというより、そうした人物の存在した可能性が高いことを示しているように思う。

小倉宮實仁（聖承）の禁闕の変への関与は明

東川住吉神社本殿
背後の小さな墳丘状のものが、小倉宮實仁親王御墓なのだろうか

確ではないが、勧修寺《かじゅうじ》に入室させていた子（伝承では孫）の教尊が疑惑を持たれて捕えられていることから考えると、まったく関与が無かったと見ることはできないだろう。

ただ、小倉宮實仁親王は、禁裏襲撃の結末を見ることなく東川の行宮において薨去《こうきょ》され、この地に葬られたのだと伝承は説く。

御殿申・獄門平

入之波《しおのは》温泉の一軒宿「山鳩湯」を過ぎると、道は大台ケ原《おおだいがはら》入口を目指す林道となる。稀に釣り人の姿を見かける以外に人の姿を見ることもない。

砂利採取場を過ぎて、吉野川源流である本沢川《ほんさわがわ》と北股川《きたまたがわ》が分岐するあたりに辿り着くと、印象深い岩と鉄橋が掛かっている風景に出会う。後から出てくる、三之公《さんのこ》にあった行宮を目指す人たちの関所となったところであるとされている。今のように林道が整備されていなかった頃は、まさに関所と呼ぶに相応しい光景を見せていたのではないだろうか。

このあたりの小字名は「御殿申」と書かれる。

これで「ゴゼンモウス」と読ませる。

実に興味深い地名だ。

御殿申（ゴゼンモウス）

資料によっては小字名の表記が「御前申す」「ごぜん申す」とあって、そのまま読むことができる漢字が使われている。「ゴゼンモウス」は、関所を通行する人々に求められた合言葉であったという。

川上村の図書館でいろいろ資料を閲覧していると、合言葉というわけでもなく、今から向かうぞという合図として叫んだものだとするものもあった。

興味深いところとして、人知《ひとじ》集落に「ゴゼン岩」という小字があり、読みが「ゴデンイワ」となっていることや、井戸集落にも「御前岩屋」という小字があり、「ゴデンイワヤ」と読ませていることである。「御殿申」という小字と、「ごぜんもうす」という読みとの食い違いも含めて、紀伊半島の一部にみられる「ザ行」と「ダ行」の混濁にも通じているのかと考えさせられることである。

関所で合言葉を言えなかったものは、顔見知りのものであっても容赦なくその首を斬り落とされたのだという。関所から北股川を少し行ったあたりの川原を「獄門平《ごくもんだいら》」と呼んだという。斬り落とされた首が晒されたとされる場所である。もっともどの資料でも、ここがそうだと具体的に記したものが無いし、文章で説明されている部分も人によって異なっていて曖昧である。

三之公川《さんのこがわ》沿いの河原には「地蔵河原」と呼ばれるところもあったという。川の様相が変わる前には、「地蔵窟」があり、中には地蔵尊が祀られていたという。三之公が襲撃された際に命を落とした、女性たちや子供たちの菩提を弔う意味があったとされる。

北股川沿いや三之公川沿いには、なかなか広々とした河原が多く、いずれがその場所であってもおかしくないように思われる。

訪問時には、川原に家族連れが降り、パラソルを張って水遊びに興じている光景があったが、その家族はこの川原にそうした陰惨ともいえる歴史があったことを知っていただろうか。

本沢川を辿れば、大台ケ原への道が続き、今は涸れてし

獄門平
正確な場所はわからない。

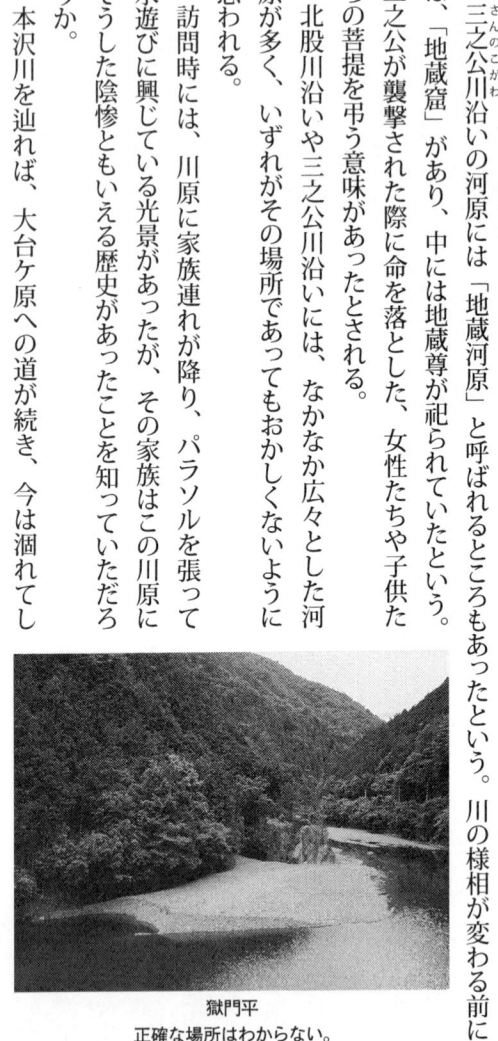

地蔵河原
正確な場所はわからない。

まったものの途中には「五色湯《ごしきゆ》」という古い温泉の涌くところもあった。旅人や杣人《そまびと》のみならず、南朝や後南朝ゆかりの人たちも通り抜け、また駆け抜けていったであろう道筋であり、ずっと奥には後南朝行宮があったとも言われている。

というのも、そのあたりの小字名が「御座所」と呼ばれるためである。

「ゴザドコロ」と読む。

一部資料では「御座処」ともなっている。

三之公の行宮よりも、御座所の行宮の方が相応しいとしている資料もあるが、今のところ何らかの跡が見つかるなどしているわけでもなく、確証が取れている状況ではなさそうである。あるいは、単に決起の場であったということかもしれない。

今回はそちらへは廻らず、三之公行宮を目指すため、北股川沿いを行く林道を進み、途中で三之公川との合流点「三之公出合《さんのこであい》」に至って、車を切り返して三之公川沿いの林道へと道を進めていく。

三之公八幡平行宮跡

既に廃村となった三之公《さんのこ》集落。

朽ちかけの建物の中を覗くともなしに覗けば、子供たちの遊び道具や電化製品が無造作に置かれ、洗面所には歯ブラシやコップなどもそのままにあって、まだ生活の匂いが残されているような光景が垣間見える。林業が盛んであった頃には、作業員用のプレハブなども立ち並び、人々の活気溢れる集落であったらしい。

建物の間を抜けて川原に降りてみる。相当な広さがあることがわかる。後に述べるが、即位された尊秀王《たかひでおう》を賀する一一三一名もの郷士たちがこの川原に居並んだのだだと思うと、鳥の声と川のせせらぎの音しか聞こえないこの川原に、突如として人のどよめく声が谺《こだま》するような感覚に襲われる。

道の対岸にも建物が残されているが、対岸に渡る橋は

三之公出合

既に失われ、対岸の行宮《あんぐう》跡へと向かうためには川を渡らねばならない。もっともさほど深くもなく距離もあるわけではないので、少し足が濡れる覚悟をして渡れば渡れぬこともない。

対岸の建物の方が傷みが激しいような気がする。何か微妙な条件があるのだろう。小動物の頭蓋骨なども散らばり、荒廃の度がより強く感じられる。そうした中を抜けて小さな石段が裏手へ続いていることに気付く。

石段を辿ってわずかに登ればすぐに目の前が開け、小さな祠とまだ新しい石碑が目に入る。

三之公集落1

「口の三之公」とも呼ばれた八幡平《はちまんだいら》行宮があったとされるところだ。

手前の小さな祠《ほこら》は、三之公集落が活気あふれていた頃に鎮座されていた三之公大明神（八幡神社）の名

三之公集落2

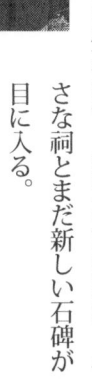

三之公集落 3

残のお姿。三之公神社は、現在、温泉宿もある入之波《しおのは》集落の一画にある大年神社境内に合祀されている。

川上村の伝承は説く。

「禁闕《きんけつ》の変」では、多くの南朝関係者が討ち死に、また捕えられて処刑されたとされているのだが、幾人かの皇胤や関係者は無事に逃げおおせた。うち一人が實仁《みひと》親王の猶子《ゆうし》となっていた、円満院《えんまんいん》の円胤《えんいん》つまり義有《ぎゆう》親王であり、「神璽《しんじ》」を携えて川上郷東川《うのがわ》の行宮へと戻ったのだという。東川行宮はさらに奥山深く三之公の行宮へと遷されていった。

実際、「神璽」は後に吉野で「発見」されて、朝廷に戻されることになるのであるから、「禁闕の変」において失われた「神璽」は、南朝皇胤に繋がるものたちの手によって吉野に持ち込まれたことは間違いあるまい。

そして、嘉吉《かきつ》の乱後の混乱で、南朝皇胤の周辺に不穏な空

三之公八幡平行宮跡

気が漂っていた頃に、近江の君ケ畑《きみがはた》に隠れておられた實仁親王の皇子である尊義《たかよし》親王を三之公にお招き申し上げて、ここに尊義親王は即位の式を挙げられたのだという。

この話が伝承という言葉ではおさまらない興味深い史料と郷土史家たちが捉える史料がある。『群書類従《ぐんしょるいじゅう》』に収められた、「文安御即位調度図《ぶんあんごそくいちょうどず》」である。

この山の奥深い三之公八幡平の行宮において行なわれた即位式。どれほどに簡素なものであったろうかと思いきや、この調度図に描かれた高御座《たかみくら》やさまざまの調度品は贅を尽くした素晴らしいものであったことが窺えると考えられているのだ。

もっともこの史料については、歴史研究者はあくまでも北朝における即位調度の様子であるとしている。文安という年に朝廷における天皇の即位は行なわれていない。過去にさかのぼって行なわれた即位式の調度の様子を図にしたもの、これが文安の年に書かれたものだという考えである。

入之波大年神社

八幡平から遷座された三之公神社

郷土史家はそうは取らない。文安に行なわれた即位というのは、まさに三之公における尊義親王の即位に他ならないのである。文書名が「文安御即位」なのであるから、文安に行なわれた即位に関することでなければおかしいということなのである。過去の即位ならその実際に行なわれた年号を文書名にしていなければならないという考えである。

残念ながら、歴史研究家の立場、郷土史家の立場、どちらが正しいとも言えない。どちらの立場にせよ、重要な史料として大きな謎を包含しつつ存在しているとしか言いようがない。

ただ新しい考察では、「文安御即位調度図」に記された内容と『延喜式《えんぎしき》』の記述を照合し、過去の即位儀の仔細も丁寧に読み解かれた結果、残念ながらこの「文安御即位調度図」は保安《ほうあん》四年（一一二三）の崇徳《すとく》天皇の即位より後、仁安《にんあん》三年（一一六八）の高倉《たかくら》天皇までの即位儀における調度や儀仗《ぎじょう》について描かれたものであるとする説が定着しているようである。殊に摂政《せっしょう》が置かれていたことに言及する記述があることを考えると、保元《ほうげん》三年（一一五八）の二条《にじょう》天皇の即位儀について、永萬《えいまん》元年（一一六五）の六条《ろくじょう》天皇の即位儀の参考とするために書写されたもの、という説が有力になってきているようである。

壮麗な尊義王の即位式や、さらに後に述べる尊秀王の朝賀の儀が行われたと伝えられる八幡平行宮跡も、今は訪れる人とてなく、静かに往時の夢の中に眠っている。

ここからさらに「奥の三之公」と呼ばれた、隠平《かくしだいら》行宮跡を目指す。

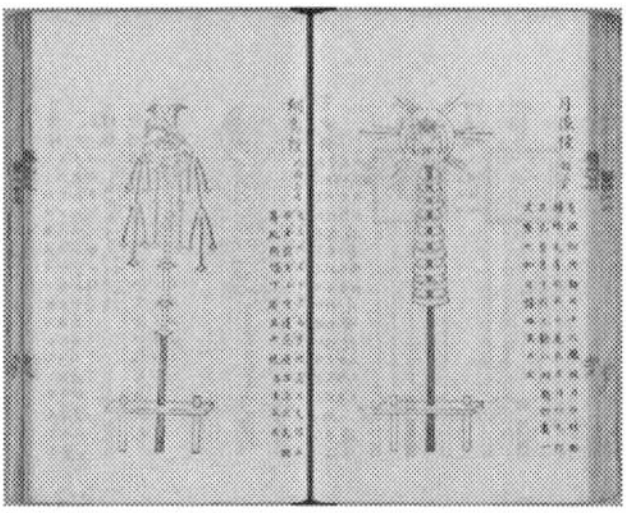

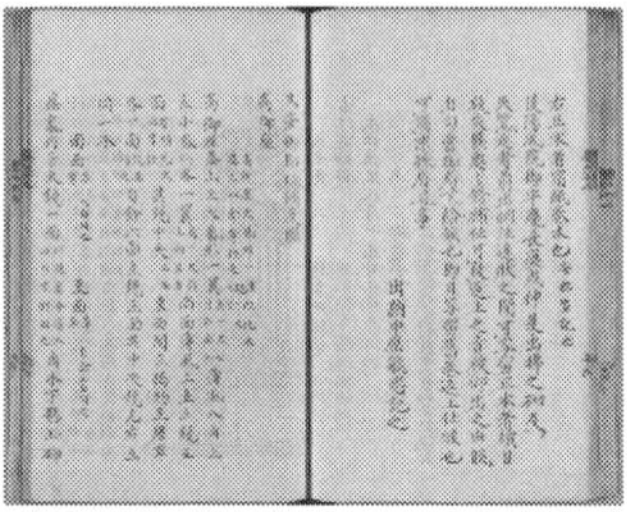

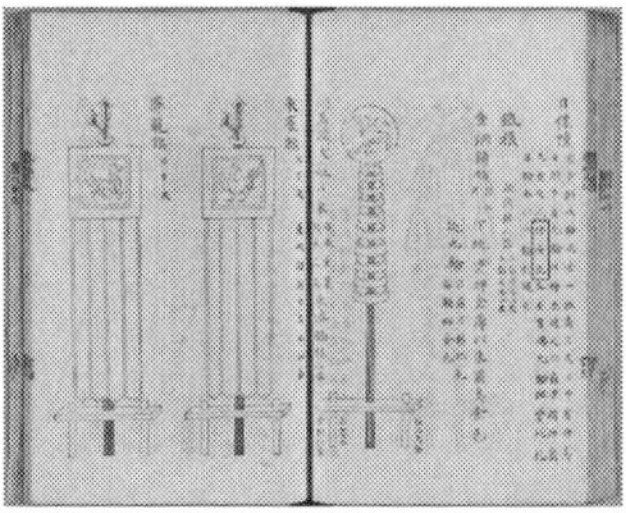

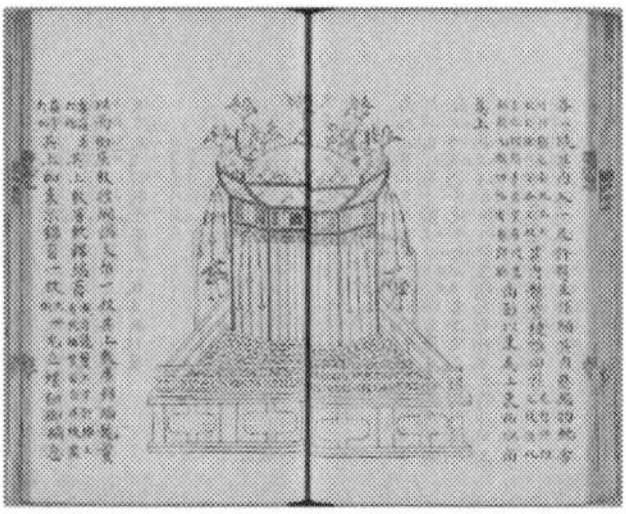

「文安御即位調度図」『群書類従』
「摂政座」「保安記」の文言が読み取れる。
（国立国会図書館ウェブサイトより）

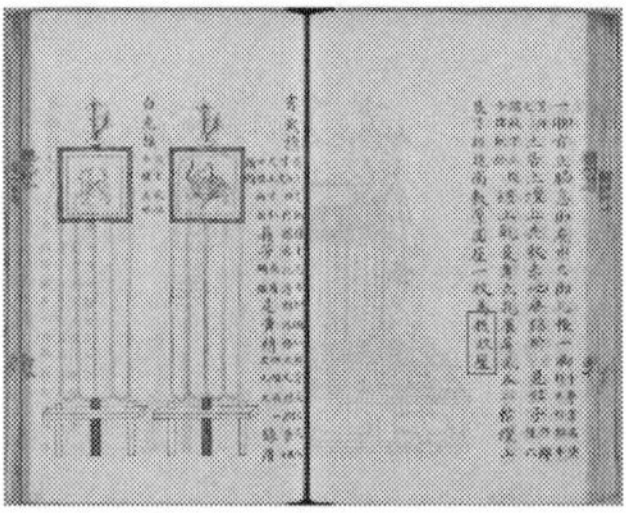

三之公隠平行宮跡・尊義親王御墓

廃集落となった三之公《さんのこ》からしばらく行くと林道終点の「明神出合《みょうじんであい》」に到着する。三之公川に明神谷《みょうじんだに》からの小さな流れが合流する地点である。隠平《かくしだいら》はここから三キロほど山道を辿った奥にある。

途中には「明神滝《みょうじんのたき》」という名瀑があって、数は少ないものの、隠平行宮からさらに奥山への登山を楽しむ人々もあるため、登山道として相応の整備はなされているものの、片道約二時間は要するとされる道程になっている。登山道として整備されているとは言っても、決してハイキングコースのように緩やかな感じではなく、トラロープを頼りの桟道《さんどう》や梯子《はしご》、崩落寸前の道や、また崩落したばかりのところは踏み固められただけの道ともいえぬ道があり、名もなき支流が注ぎ込むあたりは水の流れのまま

明神出合

隠平道程１

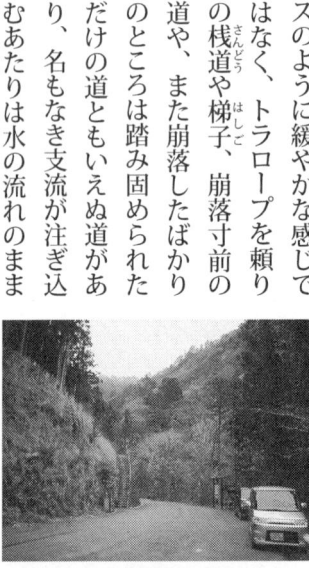

隠平道程 2

隠平道程 3

に苔生している道もある。手も使って這い上らなければならないところ、木の根道。下りの方が恐ろしいと思われる道。軽い気持ちで行くと、大変な目に合うようなところでもある。

ちょうど道程の半ばあたりに「明神滝」への分岐があり、ひとつの目安となる。

ようやく隠平の道標が見えてくると、その先で明神谷の小さな流れを渡らなければならない。一メートルほどの川幅だけれど、渇水状態でもないかぎり、うっかりすると水浸しになる可能性もある。

小さな川の流れを渡ると、胸突きの坂道が待っている。あと少しというところで最後の関門である。その急な坂道を登り切って道の先を見ると、なにやら開けたところに人工物があるのが目に入ってくる。隠平行宮跡である。

決して広いというほどではないけれど、これだけの平坦地があれば黒木御所《くろきのごしょ》を営むことも不可能ではあるまいと思われる。周辺からは小刀や、また什器《じゅうき》などが見つかっているのだそうだ。

隠平の名前の通り、ここならば知らぬ者にはそうそう簡単に見つけられるようなものでもないだ

ろう。

今でこそ登山道という形ではあれ道が作られているが、当時はそんな道すらも無かったのではないかと思われる。

それでも一〇〇人近くの人々の、それも前線で戦う屈強な者たちばかりでなく、妻や子供や親…家族を伴っての暮らしである。平時の里であれば、団欒の暖かな暮らしを営むこともできるであろうものを、この山峡の奥深く、敵の存在にも怯えながらの暮らし、そうと訴えることもできなかったであろう悲哀に思いを寄せる。

明神出合から、そよとも風のなかった道程であったけれど、行宮跡に立った途端になんとも爽やかな風が、さて帰ろうかというその時まで吹き抜け続けてくれていた。あるいは人の声すらも風に乗って運ばれてくるようで、しばし風の声に身を委ねてみるのだった。

このさらに奥に、八幡平において即位されたものの、思いを遂げることもままならず、無念の内にこの地で薨去《こうきょ》された尊義《たかよし》親王の御墓《ごぼ》があるという。

一旦ゆるく道を下り、ふたたび明神谷の小さな流れを渡る。ここも川幅は一メートルも無いほどだけれど、渇水状態でなければそれなりに水の流れがある。川を渡ったところに道標が無い。さらに奥山へと入るための道はわかるが、尊義親王御墓への道がわからない。しばらく右往左往して、ようやく道というより、道の脇の斜面をよじ登る感じで上に続くことがわかった。そして登ればすぐにわかった。這い上った斜面から、さらに緩やかに奥へ続く斜面の向こ

奥の三之公・隠平行宮跡

うに石碑がある。

足下のところどころに石畳のような段もあるので、整備されていた時もあったのだろうが、今は御墓のところまで道なき道をただ辿るだけのような感じだ。

御墓の周りは異様なまでに静謐だ。墓前には小さな日本酒の瓶と盃。さほど古いものとも思われず、こうして南朝皇胤の跡をたどって来る人もおられるのだなと思わされた。

盃は菊の御紋の金盃であった…

尊義王は薨去される前年に、皇位を若い親王に譲られた。

口の三之公、八幡平行宮において、兄宮の尊秀王《たかひで》が自天王《じてんのう》として即位され、弟宮の忠義王《ただよし》は征夷大将軍に任ぜられる。

時に尊秀王十四歳、忠義王八歳。

川上村に伝わる史料『朝拝実記《ちょうはいじっき》』は記す。

東国党勢州北畠を始め勢州党貳百三十人
北国党能登越中加賀の党八十六人
西国党肥後肥前播州河内の党百五十三人
南国党熊野郷士那智の党貳百三十人

御座所奉守護吉野公文庄司党四百二十三人
集ること総勢都合一千百弐十弐人。

居並ぶ一一二二人の郷士たちを前に、まだ幼いとさえ言える尊秀王の顔は悦びに輝き満ちていたとされる。

右の式例、則朝拝の始玉ふ事、忠臣の郷士、此時御宮欣悦《きんえつ》被爲在《あらせられ》たる事を思ひ出し、末世までも、此朝拝を拝勤務而、南帝の宮に忠義をつくし、忘却せん事、既に朝拝之勤務なければ、遂に怠り捨る道理ならんことを存したる、末世まで忠臣たることを世に出さんと思ふなり。

このときの、尊秀王のいとも麗しき欣悦のお姿が後の追慕に繋がってくるのである。
ちなみに、三之公とは、尊義王、尊秀王、忠義王の三公（皇）族がおわす場所であることから名付けられたものである。三之皇と書かれた史料もある。

神之谷河野行宮跡

三之公八幡平《さんのこはちまんだいら》において即位した兄弟宮の尊秀《たかひで》王は一宮とも呼ばれ、忠義《ただよし》王は二宮とも呼ばれる。戦略的な事情から、この後、一宮尊秀王は一旦大河内《おおこうち》行宮（現在の三重県熊野市紀和町）へ遷り、その後、北山郷の小瀬にある小瀬寺（後に龍泉寺。現在の上北山村小橡《ことち》の瀧川寺《りゅうせんじ》）を行宮《あんぐう》と定めて遷られる。これにより、尊秀王は北山宮《きたやまのみや》とも呼ばれるようになる。

そして二宮忠義王は、川上郷の神之谷《こうのたに》にある清谷《きよたに》神社・観音堂に造営された河野《こうの》行宮に移られる。

尊義親王御墓

清谷神社１

これにより、忠義王は河野宮《こうののみや》とも呼ばれるようになる。

河野行宮は、三之公隠平行宮から真西にあるために、西宮とも呼ばれたようである。

神之谷集落の奥深くへ林道を入っていく。

こちらは川も大きな流れではないため釣り人の姿もなく、白鬚岳《しらひげだけ》の登山口となるあたりに複数台の車が置かれているのを見かけるくらいで、まったく一般の車を見かけることはない。材木の積み出しトラックだけが離合集散困難な細い林道を行くくらいである。

そんな林道の途中で、明るく開けた場所が、清谷神社境内である。

入口は閉ざされているのだけれど、事前に許可をいただいているので中に入る。

とても湿度の高い場所なのであろうか、境内の

清谷神社 2

苔生し具合が見事なくらいだ。清谷神社本殿もこの湿度の中でこの彩色は素晴らしいと思うのだが、もしかすると、かなり新しいものなのに、すでにここまで傷んできているのかもしれない。

河野行宮跡は、社殿の裏側から少し奥の段状になった木立の中にある。

静寂の極みの中にある。

ただひどく心の安らぐ空間なのである。清谷神社の名前の如く、清らかな谷という気が満ちているというべきか。

教育委員会設置の説明版もあるにはあるが、境内全体の湿度のせいか、ほとんど読めないくらいに苔生している。

清谷神社３

河野宮行宮跡

瀧川寺・北山宮御墓

先に述べたように、一宮尊秀《たかひで》王は、上北山村小橡《ことち》の瀧川寺《りゅうせんじ》を行宮としていた。

間者として入り込んでいた赤松残党の者は、瀧川寺を襲撃。奥の座で就寝中の尊秀王を弑《しい》したてまつり、その首級《みしるし》を奪った。

瀧川寺本堂の奥の一間がその惨劇の舞台とされている。

本堂自身は、何度も焼けるなどして建て替えられているのだが、奥の間のみは当時のままに残されていると伝わり、欄間部分などには刀痕も残されているという。

北山郷では、北山宮《きたやまのみや》の命日である十二月二日の法要が主たる追慕の場となっている。

第四章に紹介する、川上郷の「朝拝組《ちょうはいぐみ》」に比

瀧川寺
本堂の背後に北山宮御墓がある。

北山宮御墓（瀧川寺）
（宮内庁撮影掲載許可取得）

べるとやや静かな形で行われている感はあるが、追慕の思いは同じなのではなかろうか。

北山郷の人々は、歴史的にも世に広く知られる「慶長《けいちょう》の北山一揆《きたやまいっき》」に多く関与していた。当時の幕府方の追討の勢いは峻厳を極め、名前を変えるなどしてでもその身を隠し続けないと、残党狩りにあって処刑されてしまうという恐怖と背中合わせであった。記録によれば、残党狩りによる処刑者は三六〇名を超えているという。

そうした背景もあって、南朝皇胤を追慕し続けるにしても、あまり表だって行うことはできなかったという経緯があるようだ。

宮内庁認定の北山宮御墓《ごぼ》については、後ほどもう一度触れる。

南帝王の森・御墓参考地・福源寺

正史も伝承も混乱しているのは、襲撃後の経緯である。北山宮で一宮尊秀《たかひで》王が討たれたことは、まず間違いがないであろう。

河野宮で二宮忠義《ただよし》王が討たれたことには若干の疑義が残されている。

『赤松記《あかまつき》』では、北山宮と河野宮二手に別れての襲撃であったとされているのだが、伝承では三之公隠平行宮《さんのこかくしだいらあんぐう》へも襲撃が入ったことが記されており、女性や子供も含めた、非情な惨劇であったと伝えられる。

また、神璽《しんじ》についても、赤松側の申し分では、一度目の襲撃では見つからず、その後二度目の襲撃でようやく発見したとして京都に持ち帰っている。しかし南方側は、神璽は一度目の襲撃で奪い去られたとしているものが多い。神璽の行方に関しては、赤松残党と幕府の政治的駆

御墓参考地（南帝王の森）
（宮内庁撮影掲載許可取得）

け引きがあったのだともされている。

二宮忠義王が河野行宮で討たれ、首級《みしるし》が取られたか否かは判然としていない。

二宮忠義王は長禄《ちょうろく》の変においては討たれることなく、高原地域へ落ち延び、病を得て薨去《こうきょ》されるまで生きていたとするものがある。その墓所は「南帝王の森《なんておう》」と呼ばれており、母君も共に埋葬されているとしている。

「南帝王」とは、特定の個人というより、一宮尊秀王、二宮忠義王といった南朝皇胤全体を指しているようである。「なんておさま」という言葉は、親が子供に語り聞かせる中に語り継がれてきた言葉であり、子供心にも「なんておさま」という存在が刻み込まれていくことになる。最初に「なんておさま」という言葉を耳にしたときは「南朝様」なのかと思ったが、それだと「なんてうさま」なので不思議に感じていたところ、「南帝王様」と文字で見て納得したものである。

河野宮伝承を持つのに、なぜだか自天王《じてんのう》神社が鎮座している。これも話は複雑になるのだが、高原地区では、一時的にではあるが、高原に落ち延びてきた二宮忠義王を「自天王」と考えていたのではないかということが記録から伺えると、『高原村史《たかはらそんし》』などに記載がある。そうしたことの名残であるのかもしれない。

位牌は近くの福源寺《ふくげんじ》にある。

「南帝王の森」は宮内庁の御墓《ごぼ》参考地であり、あながち蔑ろに考えてよいところでもないが、まだまだ多くの謎に包まれているといえる。

『川上村史』や『高原村史』などでも取り上げられているのだが、興味深い伝説がいくつか福源寺周辺にはある。この地域は、後南朝以前、もう一人の親王伝説を持っているのだ。文徳《もんとく》天皇の第一皇子である小野宮惟喬《おののみやこれたか》親王である。福源寺はその惟喬親王の御座所、岡室《おかむろ》御所であったとされているのだ。

文徳天皇の第一皇子でありながら、母親の出自が位の低い紀氏《きうじ》であったため、より位の高い藤原氏《ふじわらうじ》を出自とする母を持つ第四皇子の惟仁《これひと》親王が立太子され清和《せいわ》天皇となったのである。

惟喬親王は、京都洛中を出て京都の大原に、あるいは近江の君ケ畑《きみがはた》に、ま

自天王神社

南帝王の森

たあるいは吉野川上の高原に隠棲したと伝わっている。

惟喬親王はもちろん実在の人物であり、在原業平《ありわらのなりひら》といった人たちとも交流があったことで知られている。京都大原にしても、近江の君ヶ畑にしても、吉野川上の高原にしても、ある意味伝承としてその地が伝わるもので、実際にどこに隠棲されたのか、あるいは各地を転々と移動されたのかなどは詳《つまび》らかではない。

そして惟喬親王といえば木地師《きじし》の祖先と崇められる人物で、近江君ヶ畑には大皇器地祖《おおきみきぢそ》神社があり、木地師たちが必ず生涯に一度は参拝に訪れるというところである。

そして福源寺のある高原の一帯も木地師

福源寺
二宮忠義王の位牌を持ち、
惟喬親王岡室御所の伝説も併せ持つ。

の里として知られている。

惟喬親王が実際に木地師の祖と言われる立ち位置にあったかどうかはわかっていない。木地師の歴史が作り上げられていく中で、その出自の高貴なるを以って、役どころを割り当てられたとも言える。殊に近江の君ヶ畑における惟喬親王の伝承は、一種の政治的背景を持って練り上げられているところもある。あるいは川上の高原における惟喬親王の伝承も、似たようなものであると言えるかもしれない。

不遇の親王、近江君ヶ畑へ隠棲。

後南朝皇胤、小倉宮實仁《みひと》親王の皇子である尊義《たかよし》親王との類似性。このあたりは『後南朝史論集《ごなんちょうしろんしゅう》』の中などで、瀧川政次郎もかなり強力に指摘している部分である。

これは牽強付会《けんきょうふかい》となるが、世の木地師たちは、惟喬親王の家臣にして最初の木地師となったという小椋《おぐら》氏の所領である近江の小椋庄《おぐらのしょう》を本家として位置付け、全ての木地師を分家と捉え、小椋姓を与えてきたとされている。

木地師に小椋姓が多い理由である。

小倉と小椋の音の一致。

閑話休題。

御首載石跡・大西助五郎顕彰碑

長禄《ちょうろく》の変において、赤松の家臣たちによって、自天王《じてんのう》こと尊秀王《たかひで》が弑《しい》され、その首級《みしるし》を取られた上に神璽《しんじ》を奪われた。

いちはやくこの変事を察知した伯母谷《おばたに》の橘将監《たちばなしょうげん》がこれを川上郷士に伝え、川上郷士たちは赤松家臣たちを迎え撃つ。

南朝忠臣大西助五郎之碑

赤松家臣の中でもリーダー格であった中村貞友《なかむらさだとも》を討ち取ったのが、弓の名手である大西助五郎《おおにしすけごろう》であった。吉野川を挟んで対岸にいた中村貞友を、身を潜めていた陰岩《かげいわ》の背後より射止めたという。その陰岩はダムが出来上がったことで、今は姿を見ることができなくなっている。リーダー格の中村貞友が討ち取られたことで赤松家臣たちは動揺したのか、次々と討ち取られてしまう。大西助五郎が矢を放ったとされるあたりも当時とは様相が違っているが、今は顕彰碑が建てられて当時をしのばせている。大西助五郎が身を隠したという陰岩は、古い川上村の資料に画像が掲載されていたが、川の縁近くあって板状になっており、確かに身を隠しやすいように見えた。洞のようになっていたとか、ちょうど弓を射る穴のようなものがあったという話も耳にしたが、画像を見る限りは板状の岩であった。

　折からの大雪で、尊秀王の首級と神璽を携えた赤松残党は、北山郷と川上郷の間に聳える伯母峰《おばみね》に行く手を阻まれてしまう。このため、川上郷士たちが迎え撃つ余裕ができあがり、激戦となったものの、神璽や自天王の首級を無事に奪い返すことに成功した。

　尊秀王の首級を取り戻したその喜びや達成感よりも、川上郷に遷られてよりこの方ずっとお守り申し上げてきた尊秀王と忠義《ただよし》王のお命を、幾重にも幾重にも用心を重ねてきたのに、自分たちのほんのわずかな油断から赤松の家臣たちに付け込まれて奪われてしまったという、その悔やんでも悔やみきれない悔恨の情の大波が郷士たちに一気に襲い掛かった。折からの大雪で泥にまみれ、合戦での血糊がこびりつき、身も心もぼろぼろになった郷士たちが、尊秀王の首級を傍らの岩の上に置き、土を喰《は》むごとく大地に折れ付し身を悶えさせながら慟哭する。

　そんな郷士たちを見守った御首載石《おくびのせいわ》は、伊勢湾台風によって崩れた土砂に埋もれてしまい、今はその顕彰碑が静かに佇んでその歴史を伝えている。

御首載石跡の顕彰碑
本当の御首載石は伊勢湾台風で失われた。

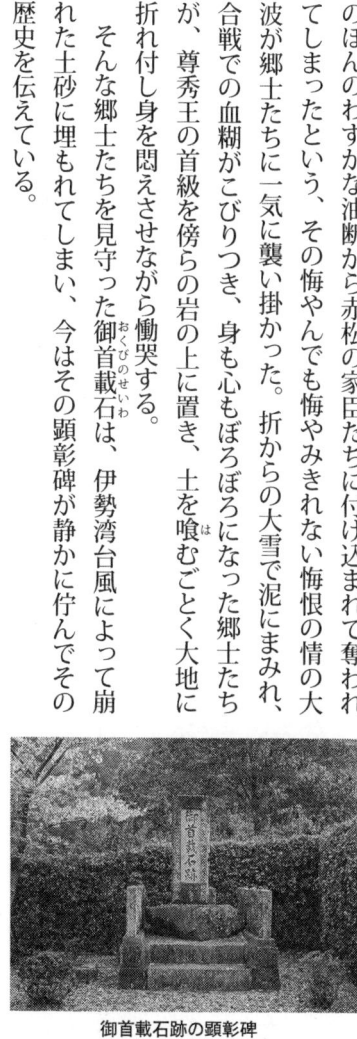

金剛寺・自天親王神社・河野宮御墓・舞場・御座磧

奪い返した尊秀《たかひで》王の首級《みしるし》と、河野行宮《こうのあんぐう》で弑《しい》された忠義《ただよし》王の首級は、再び赤松残党に奪い返されぬよう、その後速やかに金剛寺《こんごうじ》に埋葬されたとされる。

南朝皇胤が、自分たちのほんのわずかな油断から、その尊い命を奪われることになってしまった。郷士たちは悔やんでも悔やみきれない思いを胸に、亡き宮を偲び、在りし日のままにご奉仕申し上げ、心の誠をご奉告申し上げるには、自天王《じてんのう》御即位にあたり八幡平行宮《はちまんだいらあんぐう》において執り行われた「朝賀《ちょうが》の儀」を再現する以外にはないと思い定め、宮が亡くなられた翌年より、亡き宮の遺品を御神体として、御即位の行なわれた二月五日にこれを執行することを申し合わせた。

これが爾来《じらい》五五九年の長きに亘《わた》り、戦時中も一度も途切れることなく行われてきた「朝拝式」の始まりである。

第一回目の朝拝式は、尊秀王が弑された翌年、長禄《ちょうろく》二年（一四五八）二月五日、首級を埋葬した金剛寺を見上げる吉野川畔、後に「御座磧《ござがわら》」と呼ばれる場所において行われた。

一千名に及ぶ熊野郷士、北山郷士、川上郷士が集まり、吉野川で水垢離《みずごり》を取り、親王の鎧兜を形代《かたしろ》に据え、神饌を供え挙行された。

舞場の若年神社

御座磧
ダムの完成で様相が変わったという。

御座磧における朝拝式は寛永《かんえい》二年（一六二五）まで一六八回に亘って執行されたという。

御座磧と金剛寺の間に、舞場《まいば》と呼ばれる場所があり、若年《わかとし》神社（十二社《じゅうにしゃ》神社）が鎮座されていた。同所において、舞楽奉納が行なわれた可能性があるが、いつごろ行なわれていたのか、実際に行なわれていたのかなどの記録は無い。地名にその名残を見るか、伝承に対して後代に名前が付けられたか。

本殿壁面に描かれた舞楽の様相を詳しい方に見ていただくと、三つの演目が混合されているとのことであった。

まず、『蘭陵王《らんりょうおう》』の「裲襠装束《りょうとうしょうぞく》」を着け、右手に撥《ばち》を持ち、左手は剣印《けんいん》を結ぶ所作を行なってい

自天親王神社

る。また『迦陵頻《かりょうびん》』の羽根を付けているが、舞の形は『胡蝶《こちょう》』である。画師が舞楽についての知識が十分ではなく、寄せ集めて描いたものかと推測される。屋外にある彩色画として、その褪色具合から昭和初期頃と想定される。

郷民が両宮を追慕する気持ちが非常に強かったというのは、宮の死を知った郷民たちが後を追って殉死しようとしたものが多く出たと伝えられることからもうかがえる。もちろんこれらは抑えられたのだが、どうにかして両宮の追慕を叶える形が必要とされていたのだった。

金剛寺境内の、自天親王《じてんしんのう》神社もそうした形のひとつであった。

あるいは、舞場というのもそうした類のものであったかもしれない。

それにしても、郷士、郷民の両宮に寄せる思いの深さというのはどこからきているのだろうか？

ただただ自分たちが戴いた主への

金剛寺
後南帝菩提所の額を掲げる。

自天親王遺品宝物庫

従属の関係性だけではこのようなことは起こり得ない。

川上郷の、あるいは奥吉野の自然や風土が、そこに産まれ育った人々にもたらした気質のようなものが、先人たちの営みと相俟《あいま》って独自の地域性を生み出し、それが奥吉野へ逃れてきた南朝皇胤たちにとっては安らぎにも似た何かを与えていたのではないだろうか。そして、それに感応した南朝皇胤たちの側から郷士・郷民への態度にも、それは表われていたのであろう。

単に配下のように従えるだけでなく、その主従関係を超えたような真心の応酬があって、互いに信頼し認め合う関係性が醸し出されていたのではないだろうか。

それなればこそ、両宮の死が、自らの油断の先にあったとしたときに襲われる悔恨の情の程度の激しさが理解できるように思う。

金剛寺境内には、長禄の変後すぐに、尊秀王と忠義王、並びに長禄の変で命を落とした人々を慰霊するための墓所が作られた。

その墓所は、明治十五年（一八八二）に宮内省によって、後亀山天皇玄孫北山宮御墓《げんそんきたやまのみやごぼ》に治定されたのであった。

ところが明治四十五年（一九一二）一月二十九日、川上村にとっては青天の霹靂ともいえる事態が出来《しゅったい》した。

明治十五年に、宮内省が後亀山天皇玄孫北山宮御墓と治定したはずの御墓が、突然北山宮のものではなく、河野宮《こうののみや》のものであるという通知を行ったのだ。

寝耳に水とはこのことか。

しかも同じ通知で、北山宮の御墓は、上北山村小橡《ことち》の瀧川寺《りゅうせんじ》にある御墓に治定されたということが官報に記されたのであった。

事情を調べれば、瀧川寺の住職であった林水月《はやしすいげつ》が、さまざまに後南朝を研究し、その結果をもって宮内省へ伺いを立てていたとのこと。

これを聞いた川上郷民が怒りのあまり、林水月討つべしと、手に手に得物を持って上北山村へ押し掛けようとしたのを、筋目《すじめ》総代たちが何とか収めて対応を協議し、復旧に向けての請願を行なうこととなった。「筋目」については第四章に詳しく述べる。

御墓治定の取り消しについて、筋目総代である土倉庄三郎《どぐらしょうざぶろう》、福本寅松《ふくもととらまつ》、辰巳藤吉《たつみとうきち》の三名が陳情書を携え、奈良県知事・折原巳一郎《おりはらみいちろう》の内申書と共に上京の上、嘆願運動を行なった。時の総理大臣・大隈重信《おおくましげのぶ》、元老・山縣有朋《やまがたありとも》、また明治十五年の尊秀王御墓治定事の宮内大臣・土方久元《ひじかたひさもと》といった有力者にも助力を求めたりしたが、願い虚しく受け入れられることはなかった。

土倉庄三郎は、明治天皇御外出の折を見て直訴《じきそ》に及ぶ決断に至ったが、福本寅松、辰巳藤吉の身を以っての諫止《かんし》により実現はされなかった。

こうした度重なる陳情に対し、宮内省も御陵墓改定は不可能であるものの、川上村古来の由緒を慮った対応をするので、沙汰を待つようにとの言質《げんち》を得て三名の総代は帰村する。

そして大正五年（一九一六）七月二十九日、宮内省より呼び出しがあり、福本寅松、辰巳藤吉の二名が出頭したところ、

右、多年尊秀王ノ為メ祭祀奉修ノ段奇特ニ付下賜事

として、宮内省は「一金五千円」を下賜したのである。

川上村も納得しかねる状況ではあったものの、「尊秀王ノ為メ」との言葉に慰めを得て、これを

受け入れることとしたのであった。あるいはこれが、宮内省の言葉にせぬ答であったのやも知れぬ。

形の上では、瀧川寺が北山宮御墓、金剛寺が河野宮御墓となったのだけれど、川上村としては、これまでと変わらず、金剛寺の墓所を北山宮・河野宮を偲び、心の誠を奉告する場所であると、心の面をより重きものと捉えることにしたのであった。

当初北山宮のものとされていた御墓には、北山宮・河野宮の兄弟宮のほかに、長禄の変で功績がありながらも命を落とした郷士たちの五輪塔《ごりんとう》や宝篋印塔《ほうきょういんとう》の墓碑も並べられて共に祀られていたのであるが、先の一連の流れの中で、宮内省の役人がこれら御墓の五輪塔や宝篋印塔をばらばらに崩して、二組だけを無造作に積み上げ直し、残りは谷底へ投げ捨てるという狼藉《ろうぜき》を働いたのである。このことについてだけは、後々の代になってまでも、誰もが赦《ゆる》す事ができなかったようである。

川上郷民の優しさといって良いのだろうか、どれほどに怨みを持つ相手、たとえば尊秀王・忠義王を弑したてまつった赤松残党に対し

河野宮御墓（金剛寺）
（宮内庁撮影掲載許可取得）

ても、また北山宮の御墓という立ち位置を奪うことになった瀧川寺の林水月住職、強いては北山郷民に対しても、怨み言は述べても、その立場を理解して恕《ゆる》しているといった風《ふう》が伺える。

封建社会の中で赤松という御家を守るために、家臣として、その時代、その立場で成さねばならなかったこと、また自分たちと同じように南朝皇胤をお援け申し上げ、亡き後は北山郷民とても思慕の念の一方ならぬことを理解して恕しているということであろう。

この北山宮と河野宮の治定を巡る「事件」は、当時の朝日新聞「天声人語《てんせいじんご》」にも取り上げられ、鬼才と呼ばれた永井瓢斎《ひょうさい》が文章を書いている。


［前略］▼然《しか》るに明治四十五年一月二十九日永年仕えまつった自天王のお墓は、北山村の滝川寺にあり川上村金剛寺のお墓は、御弟君河野宮と御治定になったので、川上村民はていふつし、涙ぐましい運動を続けた。▼一方北山村では滝川寺の住職で、大阪堂島出身の奇僧、林水月師が三十年の研究考証が功を奏して、凱歌をあげる。▼時の諸陵頭山口鋭之助《しょりょうのかみやまぐちえいのすけ》が奉告祭のため、この山峡へ入る折には多数警察官の厳重な護衛を必要としたのだから、川上村の憤りが知られる。▼川上村金剛寺のお墓は、宝篋印塔が二基長禄元年の文字がありありと読める。▼地理の上から理論的に考えて自天王のお首塚と拝したくなる。［後略］

ここで、筋目総代の一人であった土倉庄三郎について少し触れておく。

川上村の大瀧《おおたき》集落を吉野川に沿って大きくうねるように通る国道一六九号線を行くと、吉野川の対岸に大きく「土倉翁造林頌徳記念」と彫られた磨崖碑を見ることができる。

日本の近代林業の父とも称され、吉野地方のみならず日本中の造林に大きく貢献した土倉庄三郎の財力は桁外れのものであったが、その私財を大きく三等分し、一は事業のさらなる拡大のために充てたものの、残りの二のうちの一は国のために、また一は教育のために投じたのである。

国のためにあたる部分では、自由民権運動のパトロンという形で示され、板垣退助《いたがきたいすけ》、大隈重信《おおくましげのぶ》、伊藤博文《いとうひろぶみ》、井上馨《いのうえかおる》、山縣有朋《やまがたありとも》、後藤象二郎《ごとうしょうじろう》といった明治政府に係る人物たちのいわゆる「土倉詣で」が知られている。

教育の面では、新島襄《にいじまじょう》との親交が深く、同志社《どうししゃ》大学の設立にあたっては多大な支援を行なった。また当時はあまり人々が考えていなかった女子教育にも熱意を持ち、日本女子大学の創立にあたっての基金に多額の支援を行なっている。また地元の小学校の充実に大変な力を注いでいた。

平成二十八年（二〇一六）には、没後一〇〇年を迎えて川上村では百回忌法要や大きな式典が開催された。

大塔神社・大塔さん

川上郷の人々が南朝皇胤を心から慕う風《ふう》は、吉野全体が後醍醐天皇以来の南朝の風を帯びているということも大きな要因であろうと思われる。ところが川上村には、後南朝以前のいわゆる南朝に係わる史跡が少ない。ほとんど無いと言っても良いくらいであるが、興味深いことに後醍醐天皇の皇子である大塔宮護良親王《おおとうのみやもりなが》にまつわる口頭伝承というより民間伝説が散見される。それが果して大塔宮に由来するのかどうかも定かではないが、「おおとうさん」信仰と呼んでも差し支えないほどかと思われる。「おおとうさん」に類似するものは、下北山村や十津川村にも見受けられるとのことなので、吉野郡一帯に存在するものであろうし、大塔宮護良親王という人物というより「人格」に寄せる思いの強さを窺い知ることができる。後醍醐天皇の十一人の皇子たちの中でも、名前の良く知られた、西征将軍宮懐良親王《せいせいしょうぐんのみやかねなが》、信濃宮宗良親王《しなののみやむねなが》、後村上天皇となる義良親王《のりなが》といった皇子たちと比べても人気が高いのは、おそらくその悲劇性の中にあるのではないかと思われるが、今も大塔宮護良親王を慕う人たちは多い。

『太平記』の中でも巻五は「大塔宮熊野落事《くまのおちのこと》」として一章分を割かれている。大塔宮護良親王が吉野を逃れて熊野に落ちる際のことである。この川上郷のあたりを通過する途中で道を過たれ、今の大字中奥《なかおく》の瀬戸《せと》のあたりに迷い込まれたのだと瀬戸の伝説は説く。その時に病を得て、しばし療養の時を過ごされた場所が瀬戸集落の奥に鎮座する「大塔神社（大塔宮神社）」であるという。もちろん『太平記』には記されていない。

　その瀬戸集落は既に廃集落となってしまっている。

　その集落の鎮守であった「大塔神社」も、元の鎮座地での役目は終えたといえる。今は、吉野川の支流である中奥川を下った粉尾《そぎお》集落に鎮座される「十二社神社」境内に摂社として合祀されている。それでも「大塔神社」の元の鎮座地を訪ねてみたいと思ったのは、それが史実であるかどうかはともかくも、後醍醐天皇の流れにある大塔宮護良親王の息吹を感じられるかもしれないという思いからだった。つまりは、南朝皇胤たちを追慕する人たちの心に、少しでも近付くことになるのではないかと考えたのである。

大塔神社参道

　中奥川沿いの県道は、集落で終点となり、その先は林道となる。舗装されているとはいえ、廃集落へ向かう道であるから、あまり手入れは丁寧に行われていない。時折、倒木や落石、道の崩落で通行止めとなることもある。

「大塔神社」は瀬戸集落を更に林道を奥に進んだところから、山道を歩いて一キロほど登ったところに鎮座される。既に神社としての役割を終えてしまった旧社地への道であるから、入口も既に分かりにくくなっており、道そのものはさらにわかりにくく、ところどころ既に崩落もしていてかなり辿っていくことが難しい。それでもなんとかそれらしいルートを辿りながら登っていくと、視線の先に建造物が見えてくる。社務所や参集所として使われていた建物であった。その裏側に回り込めばそこが「大塔神社」旧社地である。

誰も訪れなくなった社地は既にかなり荒れていたけれども、社殿は覆屋があるのと、社殿そのものがまだ新しいこともあって、今もなおそこに大塔宮護良親王が坐すが如き風情があった。

当社の主たる祭礼は、正月のことであっ

大塔神社本殿

たと聞き及ぶ。雪深い中、神事、祭礼に係る諸道具などを、あの山道を下から運び上げていたのだと思うと、さぞやその維持継続は大変であったろうと思う。

麓の粉尾地区への御遷座はやむを得なかったであろう。

主が居なくなって見た目には荒れた社地ではあったが、清々しい風が吹き抜け、心が洗われるような空間であった。

手掘りと思われる隧道

大塔さん

元の林道に戻り、さらに中奥川の上流に向かうと、そこに「大塔さん」と慕われる場所がある。手で掘ったと思われる隧道を抜けて、しばらく林道を進んで振り仰ぎ見れば、そこには「大塔さん」がまさに屹立するように「在る」。

伝説によれば、病の癒えた大塔宮護良親王は、この巌の上に隠棲されたのだという。筍のように突き出た岩のあたりには小さな池があり、護良親王が可愛がっていた金魚が今も泳いでいるのだと伝説はいう。

第四章　今に継承される「御朝拝」と、これから

東京で開催された、吉野を紹介する奈良県のシンポジウムに関わるにあたり、「奥大和としての吉野を語るのであれば、『後南朝』について触れないわけにはいかない」という、シンポジウムの監修を務めていただいた岡本彰夫先生の一言から、筆者の後南朝漬けの日々は始まった。

それならば、と少ないながらも多くの書物や史料に目を通しても一向に腑に落ちてこない。

そこで、まずはその現場の空気に触れなければならないのではないかと感じ、後南朝の史跡とされているところをただ黙々と訪ねてみることにした。

その折の事は前章に記させていただいた通りで、その際に撮影した写真をシンポジウムのパンフレットに多く掲載させていただいた。本書では、さらに多くの写真を掲載させていただいた。少しでもその場の雰囲気を感じ取っていただくための「よすが」となれば幸いである。

何よりも、川上村教育委員会に場所をお借りし、「朝拝組《ちょうはいぐみ》」と呼ばれる組織の「筋目《すじめ》」(「統目」とも書く)と呼ばれる方々から直接に貴重なお話を伺うことができた。また川上村に通い続ける間に、さらに多くの

松本修さん

春増薫さん

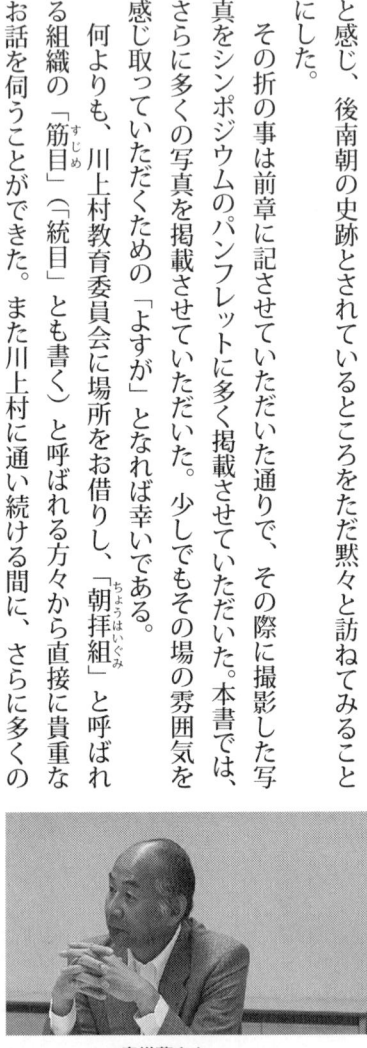

筋目の方々、また後南朝に興味を持たれていろいろと調査探究されている先達の方々にご縁を頂戴してお話を伺い、また実に貴重な史料を直接手に取って拝見、撮影までさせていただくこともできた。

ここからは、書籍や史料の内容を基本として、お伺いさせていただいた貴重なお話の内容を加味しながら、「朝拝式」の歴史や川上村におけるその意義を主軸として話を進めて行きたい。

先に述べたように、長禄《ちょうろく》二年二月五日（一四五八年三月一九日）の最初の朝拝式は、吉野川沿いの御座磧《ござがわら》において執行された。長禄二年は閏正月があったため、実際の暦とは一ヶ月余りのずれがある。

その最初とされる朝拝式には、熊野、北山、川上の三郷の郷士たちが千人も集まるほどの実に大規模なものであったという。

しかし、熊野郷や北山郷の郷士たちが朝拝式のために川上郷に集まるとなると、現代のように整備された道やトンネルがあるわけでもなく、交通手段といえば己の足で峠を越えるしかなかった時代のことである。しかも季節が季節である。雪という最大の問題もあったであろう。

前田剛さん　　弓場盛正さん

さまざまな事情が川上郷への参集を困難なものとし、まず文明《ぶんめい》八年（一四七六）を限りとして「涙ながらに」熊野郷が離れていった（『朝拝実記《ちょうはいじっき》』）。

朝拝式はときおり外部的な干渉を受けて消滅させられようとすることがあった。慶長《けいちょう》八年（一六〇三）に徳川家康《とくがわいえやす》が吉野地方巡視の折、吉野山で花見を行なっていた際に、川上郷で御朝拝が行なわれている事実を耳にする。家康は相当驚いたに違いない。通常であれば即刻禁止すべしと申し渡したかったであろうが、そこが家康の巧みさ、また凄みであると言えるのか、まず「よくぞここまで勤め上げてきた」と褒めて取らせるのである。

其の方共相勤《あいつとめ》候、朝拝出仕と申すは、大内《おおうち》の言葉なり。
南帝討たれ給いしより百ケ年余、無恙《つつがなく》相勤候事神妙の儀

そして、その褒章として口役銀《くちやくぎん》の制度が定められたのである。川上郷が伐出する材の価格の十分の一を税金として取り立てて、その中から毎年百両を年貢として上納、残った金額はすべて助成金として川上郷に下げ渡されるというものである。

しかし、徳川幕府としては、このような組織的行事、しかも南朝皇胤を戴いたような行事が行なわれ続けることを歓迎するはずがない。

寛永《かんえい》二年（一六二五）、徳川三代将軍家光《いえみつ》の代となってからある申し渡しが行なわれた。

十二月二日の自天王命日と二月五日の御朝拝式の二度の行事をいずれか一度にすべし

自天王遺品を三ヶ所に分け、それぞれにおいて朝拝式を行うべし

御朝拝の式次を、小笠原流礼法をもって執り行うべし

まず南帝に寄せる思いを少しでも減退させること、さらに御朝拝に掛かる組織を三つに分断させることで結束力を弱まらせること、その上で小笠原流礼法による儀式を行なわせ不必要な出費を重ねさせること。それが継続されていくことにより、組織全体をゆっくりと衰退させ自然消滅することを狙っていたのだと思われる。あるひとつの目的をもって行動している組織に対して、その組織を意図的に分断させるなどすることで、組織に不要な力が集中して幕府に抵抗し得るほどのものになっていくことを防ぐという政策は、川上郷の朝拝式以外にもいくつかの組織に対して徳川幕府が行なっていることでもあるので、それ自体は特に異例というわけではない。

小笠原流礼式で儀式を行なうということは、式次第が非常に華美で壮大なものになるということである。そこに係る金銭的負担のみならず、朝拝式というものの原点である、尊秀王《たかひで》を追慕し、

その御霊《みたま》を鎮め奉るという当初の思いにそぐわないのではないかと、疑問を抱く郷士たちも多くあったようだ。

いずれにせよ、この徳川幕府の申し渡しにより、朝拝式は三ケ所に分かたれた。尊秀王の遺品もまた三つに分けられた。

七保《しちほ》九箇村には兜
四保《しほ》五箇村には鎧両袖
六保《ろっぽ》九箇村には胴丸、太刀、長刀

といった割り当てで、各保がそれぞれを奉斎して個別に朝拝式を行うようになった。

「保」とは、律令制の中で、家（戸）に関する令である戸令《これい》に規定された単位のひとつである。今でも「隣保《りんぽ》」といったような言葉にその名残をとどめるが、あまり一般的に用いられる言葉ではない。川上郷でも朝拝式においてのみ用いられており、やはり日常的には用いられていない。各保の村を現在の大字にあてはめて記しておく。

七保九箇村　東川《うのがわ》、西河《にしがわ》、大滝、寺尾、塩谷、迫《さこ》、高原、白屋《しらや》、人知《ひとじ》
四保五箇村　井戸、武木《たきぎ》、井光《いかり》、下多古《しもたこ》、白川渡《しらかわど》
六保九箇村　中奥（瀬戸・桙尾《そぎお》）、北和田、上多古《こうだこ》、上谷《こうだに》、柏木、
　　　　　　神之谷《こうのたに》、大迫《おおさこ》、伯母谷《おばたに》、入之波《しおのは》

この段階では、まだ北山郷もいずれの保であったかは不明だが、共に朝拝式に参加していたのだけれども、徳川幕府による朝拝式の三分割以降、儀式のありように何らかの疑念を感じたものか、また単に物理的な理由で道が閉ざされたことがきっかけであったか、その理由は定かではないが、北山郷も正保《しょうほう》二年（一六四五）を最後に離れていくことになり、以降は川上郷だけで儀式を続けることになった。

儀式の執行が川上郷だけになるということで、これまでとは異なる形を整えることが必要となってきた。そのために、「朝拝組」という組織や、「筋目」という制度が生まれてきたものと想定される。新たに儀式遂行の約定の中に付け加えられた「筋目」に関する取り決めの内容は、『朝拝実記』という文書に確認することができるが、今の時代から見れば、非常に封建主義的と感じられるものとなっている。そこには、長禄の変で尊秀王と忠義王《ただよし》の若く尊い命を奪われてしまう結果となったのは、他ならぬ川上郷の者が他所者《よそもの》を安易に信じて身近に取り入れてしまったことにあるのだと

いう、並々ならぬ悔恨の意識が横たわっている。とにかく生粋の川上の者しか信用してはならないし、川上の外へは徹底的に秘密にしなければならない。またその内容を知るものも、極力限られた範囲に留めなければならない。そのために川上郷に産まれた直系男子だけという取り決めが含まれることになったのである。これを差別的と言い換えることは簡単だ。しかし、それは決して差別するためにあるのではなく、両宮の命を奪ったものが何であったのかということを考えに考えた末の、極端な守りの姿勢の表われなのである。

四保の井光地区・伊藤家文書から『朝拝実記』の一部を抜粋する。

一先年三の公北山之乱之時、他国他郷より川上、北山へ入込住居《すまい》致したる者之為に南朝の滅亡したる事ハ末世に於て不忠とすれハ、此朝拝へハ他国他郷より来り住居すも聞て参拝ハ致させ間敷《まじき》事

一忠臣之末苗節目を正しく致し、是を朝拝出仕之人と号、一不忠不臣ハ追々末世ニ至り、他国他郷他村より川上へ来り住居する者ある時ハ、朝拝之時ニ警固申付門番を申付る事

一右取締を不聞入《ききいれず》、不正之者共有る時者、党中筋目之者共惣寄評定ノ上、川上之土地を避すへく、又ハ諸《もろもろ》付合致す間敷事

一　末世之至り、郷士筋目之者心得違を以て無筋之者共と縁組、或者《あるいは》親類之付合致し
　申間敷者《もうすまじきは》勿論、申合せ等をなす者、無筋同様諸付合致し、遠慮を申付る事

筋目の掟はなかなか厳しい。

筋目の中でも、長禄の変に際して尊秀王の首級《みしるし》奪取に直接参集したものの裔《えい》を一番衆（一番筋）、例えば男子に恵まれなかった場合に他家から養子を迎えた場合には二番衆（二番筋）といった具合に分けられている（これは時代が下ってからの規則で、当初は筋目から外されていた）し、筋目は筋目以外の家のものと婚儀を交わしてはならないなど、まことに封建的としか思えないものになっている。

事件や事故などを起すと降格させられたり、出仕を差し止められたりするなどの処分もあった。この場合は三番衆（三番筋）と呼ばれたようである。

例えば、明暦《めいれき》二年（一六五六）には、入之波の宿元《やどもと》（宿本とも書く）が火災を起し、なんと自天王《じてんのう》遺愛の胴丸を焼いてしまうという事態が発生してしまった。今に遺された胴丸金具を見ると、まだぶすぶすと燻って熱の残る土蔵の焼け跡から、ひとつひとつ金具を拾い集めんとして地面を這いつくばる人々の様相を想うだに哀れが込み上げてくる思いがする。いずれにしても入之波の筋目たちの出仕は固く禁じられてしまった。

しかしおよそ十年が過ぎた寛文《かんぶん》五年（一六六五）には、この村では二度と土蔵を作りませんという詫び状を添えて許しを請い、出仕が認められるようになった。この地域では平成の現在に至るまで土蔵が作られていないという。

各保の遺品は、宿元と呼ばれる筋目が輪番制で預かることになっていたのだが、古くは宿元において朝拝式が行われており、朝拝式の執行のためには、御遺品を納める土蔵はもちろん、式典を執行する座敷の畳や襖や障子ばかりでなく、風呂や便所にいたるまで新しく作り変える必要があり、経済的負担があまりにも大きくなってくると、宿元では御遺品ほかの荷物を預かるだけとし、儀式は大字の中にある寺院で執行されるようになってゆく。

そうした宿元から儀式を行なう寺へ、あるいは儀式を終えて寺から次の宿元へ荷物を移動させる際に、なんと裃《かみしも》を紛失するという事件もあったようで、この時も幾年も経てから謝罪文を添えて許しを請い、再出仕が叶うようになったという事例もあったようだ。

また詳細な理由はわからないが、先祖の悪事により筋目を外されたというものがあり、いろいろ調査を行なった上で問題が無かったため再加入を申請する謝罪文や、それに対して朝拝組が再加入を認めた文書なども残されている。

朝拝式当日の荷物の移動ということに関して、荷物を運ぶために選ばれた屈強な者（「荷持ち」と呼ぶ）が宿元からそれぞれ朝拝式を行なう寺などへ、今のように軽トラックや自家用車が各家庭に十分に行き渡るようになるまでは、雪の中でも徒歩で運んでいたそうだが、移動中の荷物はちょっと疲れたからと下におろすなどはもってのほかで、移動途中には休むことを許されず、尿意をもよおしたような場合であっても、そのまま垂れ流しで運び続けねばならなかったそうだ。

朝拝式の式場に荷物が届けられると、荷持ちには浴びるほど酒を飲ませて「さっさと」送り返したという。長く居座られても式次の障害になるだけだからだとのこと。

朝拝式はとにかく「筋目」だけのものであって、他には内容を漏らさないし知らせないという、まったく他言無用の状態が長らく続いた。

徳川幕府によって分断されていた朝拝組であったが、高齢化や過疎化、それにともなって宿元が負う経済的負担、出仕の負担などを軽減回避するために、四保と六保が、昭和五十六年（一九八一）の第五二四回目の朝拝式を機に三五六年ぶりに統合された。

そして第五五〇回目の節目となる平成十九年（二〇〇七）には、徳川幕府の政策によって三つに分断されていた朝拝組であったが、五五〇年の記念祭ということで、先に統合していた四保と六保に、この時は統合こそされなかったものの七保も加わって、川上村御朝拝式《おちょうはいしき》五五〇年祭実行委員会が組織され、実に三八二年ぶりに分割前の形で朝拝式が執行されたのである。

平成二十年（二〇〇八）の第五五一回目において、前年の五五〇年記念祭で歩み寄った四保・六保と七保は、この回から公式に一本化することになった。そして、これまで「筋目」しか出仕が適わなかった朝拝式に、川上村の出自であれば「筋目」であるか否かを問わず、朝拝式に出仕者として参列することを可能にしようという動きが出たのである。

これは朝拝組、朝拝式としては事件といっても過言ではない出来事であった。

翌年の第五五二回目の朝拝式でもまた動きがあった。

朝拝式が川上村の無形民俗文化財に指定されたのだ。

これまで「筋目」による「朝拝組」という組織が行ってきたものが、村の無形民俗文化財となることで、「川上村御朝拝式保存会」という組織による村の儀式として執り行われることになったのである。

これにより、村外の一般のものでも容易に朝拝式を拝することができるようになった。

それまで外部には漏らすこともなく続いてきた朝拝式も、明治以降には一般にもその存在がある程度は知られるようにはなっていたとはいえ、外部の者が朝拝式を拝見したり、ましてや参列に及んだりなどということは、なお厳しく制限されていた。ために、「後南朝」研究の泰斗《たいと》であった中村直勝が、昭和の初め頃、朝拝式参列のため川上村来村の折にも、警護が非常に厳しく、立会いの警察官に、出仕人が菊の御紋章のついた裃を着用している間は皇族待遇となるので、不敬な行いの無いようにと繰り返し注意されたという。

朝拝式の無形民俗文化財化は、一気にその門戸を広げることになったのだ。

文化財選定審議会の役員として、朝拝式を村の無形民俗文化財に選定するための議論や交渉を重ねて来られた松本修さんは、是非とも村外、また県外の多くの方に朝拝式というものを知ってもらい、多くの方に川上村に足を運んでもらってその目に留めてもらい、観光や地域振興に繋がっていくようになってもらいたいと希望を述べられた。

先に、朝拝組の統合に関して簡単に記載したのだけれど、その段階に至るまでには、それはもう大変なご苦労が御朝拝式保存会の皆さんにはあった。

取材当時に保存会の会長を務めておられた前田剛さんによれば、例えば金剛寺一ヶ所での朝拝式に向けた統合に関する議論は、一年や二年の問題ではなく、まずその議論ができる状態になるまでに何十年もの歳月を要していたのだという。

先に述べた、高齢化や過疎化に伴う朝拝式の維持存続への影響の問題については、昭和三十二年（一九五七）、「南朝皇胤五〇〇年忌」の記念として編集刊行された『後南朝史論集』にも触れられている。そうした流れを背景として、統合へ向けての問題提起がなされたのが、昭和三十四年（一九五九）春のことであったということが、『川上村に伝わる後南朝史』の著者である筋目総代のひとり辰巳義人氏の文中に、当時を振り返って記されている。同文中には、同じく筋目総代のひとり福島宗緒氏の言葉として、「筋目」に係る差別的内容を廃し、「朝拝式」を川上村全体の行事としていくことを考えたいという発言もあった。これを受けて、辰巳氏をはじめとする数名の総代を

発起人とし、筋目総代二十三人全員による会合が持たれた。そこでは、

（一）御宝物を完全な状態で維持保存してゆくことを目的として、寛永以降三分割されていた御宝物を一ヶ所にまとめて、朝拝式についても同所において行うこと

（二）筋目だけでなく、川上村全体で「朝拝式」を維持執行すべく、筋目の家系に関する規約の一部を緩和すること

という、二つの議題が提示されたのである。しかしながら、五年以上の議論を行なっても、まったく意見の一致を見ることもなく、昭和三十九年（一九六四）秋に一旦解散という次第になったと先の『川上村に伝わる後南朝史』で述懐されている。

三つの保に分かたれてからというもの、三〇〇年以上の年月を経てきたことである。それぞれの保ごとに式次第や考え方なども相応に変化していたことは言うまでもない。統合に積極的な人もあれば、そうでない人もある。統合するのであれば、御遺品を常に展示するなどして拝観料を取るなどすれば良いという人があれば、そのようなことはとんでもないという人がある。厳冬の季節に麻の裃で儀式を行うのはいかがなものか、開催の季節を変えればどうか、あるいは正装であればスーツでもよいのではないかなどの意見も噴出した。そして筋目ではない村民からも、今さら朝拝式に出仕と言われても困るという声があれば、喜んで協力したいという声もある。

そうしたものをひとつひとつ解決すべく交渉を重ねてはいくのだけれど、価値観の違いは如何と

もしがたく、どんなに時間を費やしても頑として首を縦に振らないような人は絶対に振らないと見極めて、別の手法を模索していくなど、とにかく大変だったそうである。特に、それぞれの保を取りまとめておられた長老格の筋目惣代方は、まったく聞く耳も話に応ずる気配も見せない。そうした古老方が「あちらの側へ」「渡られるのを」「待つしかない」状態であったとは笑い話である。「朝拝組」が執行していた儀式が、無形文化財として村の行事になっていくとしても、「筋目」であるということは、やはり今の時代になっても大きな誇りなのである。

菊花紋章《きっかもんしょう》をつけた麻の裃を身に帯びるということは、やはり緊張感を伴う大変なことで、明治以降、殊に先の戦争に入ってからは、たびたび菊花紋章の使用を禁じる条文などが発行され、菊の御紋章に似ているというだけでも罰せられたり潰されたりした、そんな時代にあっても、川上村ではまったく問題とされることもなくその使用が黙認されてきたという経緯がある。

五六〇〇年という歴史の重みもそこにはある。

製材業、樽丸《たるまる》業を営なまれている春増薫さんが、あるとき商品の材木を納めにホームセンターに行かれたときのことである。センターの店員の「どちらからですか?」というさりげない問い掛けに、「川上村からです」と答えると、その店員が、

「あ、私、敵です」

と言ったのだという。えっ?と不思議に思ってその店員を見れば、ネームプレートに「赤松」とある。

その瞬間、春増さんと赤松さんの間に流れたであろう五六〇年という歳月。笑い話として語られるその歳月の重みは、決して笑い話で終わるほど軽いものではない。

その店員の赤松さんも、六〇〇年近く前の先祖の営みについて語り継がれてきたであろうことや、川上村という土地との関係を少なからず心に留めているということだ。あるいは偶《たま》さかに歴史好きな赤松さんであったかもしれないが、もしかすると「赤松」という歴史を背負ってきた人なのではないかという思いにすら駆られてしまう。

五〇〇年も六〇〇年も前の歴史という樹木が伸ばしている一枝は、現代の世の中にあってなお鮮やかにその影を落としているわけだ。

教育委員会の教育長でもある弓場盛正さんは、御朝拝を通して、子供たちに引き継いで行きたいことがあると言われる。

例えばそれは、いわゆる「判官贔屓《ほうがんびいき》」ということ。それは単に、冷静な判断無く弱い立場の者に同情を寄せるという意味合いだけではない。吉野を頼ってきた人たち、頼られたからには助ける。そこに心の交感があればなおさらのことである。そうなれば損得勘定抜きで、自分を二の次にしてでもまず他人のために動く。南朝の宮を守るということは、その当時の権力者と対峙するという危険を冒しているということになるのだが、それを押してでも守るという心の部分をこそ伝えたい、と。

またあるいは、連綿と絶やすことなくひとつのことを続けるということ。朝拝式という歴史を通じて、持続、継続という言葉の意味を感じ取れるようなことを、子供たちに学んでもらいたいと言われる。

伝統の維持という部分への思いも深い。

朝拝式ということではなく、川上村ではそれぞれの地域の神社の神主は、それぞれの土地の者が交替で務めてこられてきたそうだ。土地の者が神主を務めることは川上村に限られた話ではないけれども、その内容については興味深かった。その役が当たった年には、「火替《ひが》え」といって、暮らしの中で使う火を家族とは完全に別のものにして、ちょっと火を借りるということをしてもいけなかったそうだ。東大寺二月堂の修二会《しゅにえ》における「別火《べっか》」と同じ意味を持つ内容であって非常に興味深かった。

しかしながら、そうした決まり事も時代と共に簡素化してしまっているのだと言われる。

すると、ありがたみがなくなる。

すると、失われる。

その意味において、朝拝式も無形文化財になったからこそ、窮めて、窮めて、厳しく、厳しくしていかなければ続いていかないのだと訴え続けておられる。

今年、平成二十八年（二〇一六）の第五五九回は過ぎた。

来年、第五六〇回目の御朝拝式はどのようなものになっているだろう。筆者もこの目で直接拝したいと切に願っている。

第五章　第五六〇回「朝拝式」を拝す

シンポジウム向けのパンフレットとしてこの文章を書いていたときには、まだ実際には吾と吾が眼で「朝拝式」を拝していなかった。平成二十九年（二〇一七）、第五六〇回目となるその「朝拝式」を、朝拝式保存会の許可をいただいて、その最初から最後までを間近に拝することが叶った。たった一度きりのことで、どこまでわかったのかといえば、恐らく何もわかっていないのだろうと思う。思うがしかし、その場に漂う空気感のようなものは間違いなく吾が身の一部となったように感じる。

第五六〇回目の朝拝式は朝から生憎の雨となった。

そのような天候の中でも、朝拝殿と呼ばれる建物に、出仕人《しゅっしにん》の方々が続々と参集されてくる。

この先の文章の理解のため、朝拝式に関わる人たちの役の名前と内容を簡単に記載しておく。

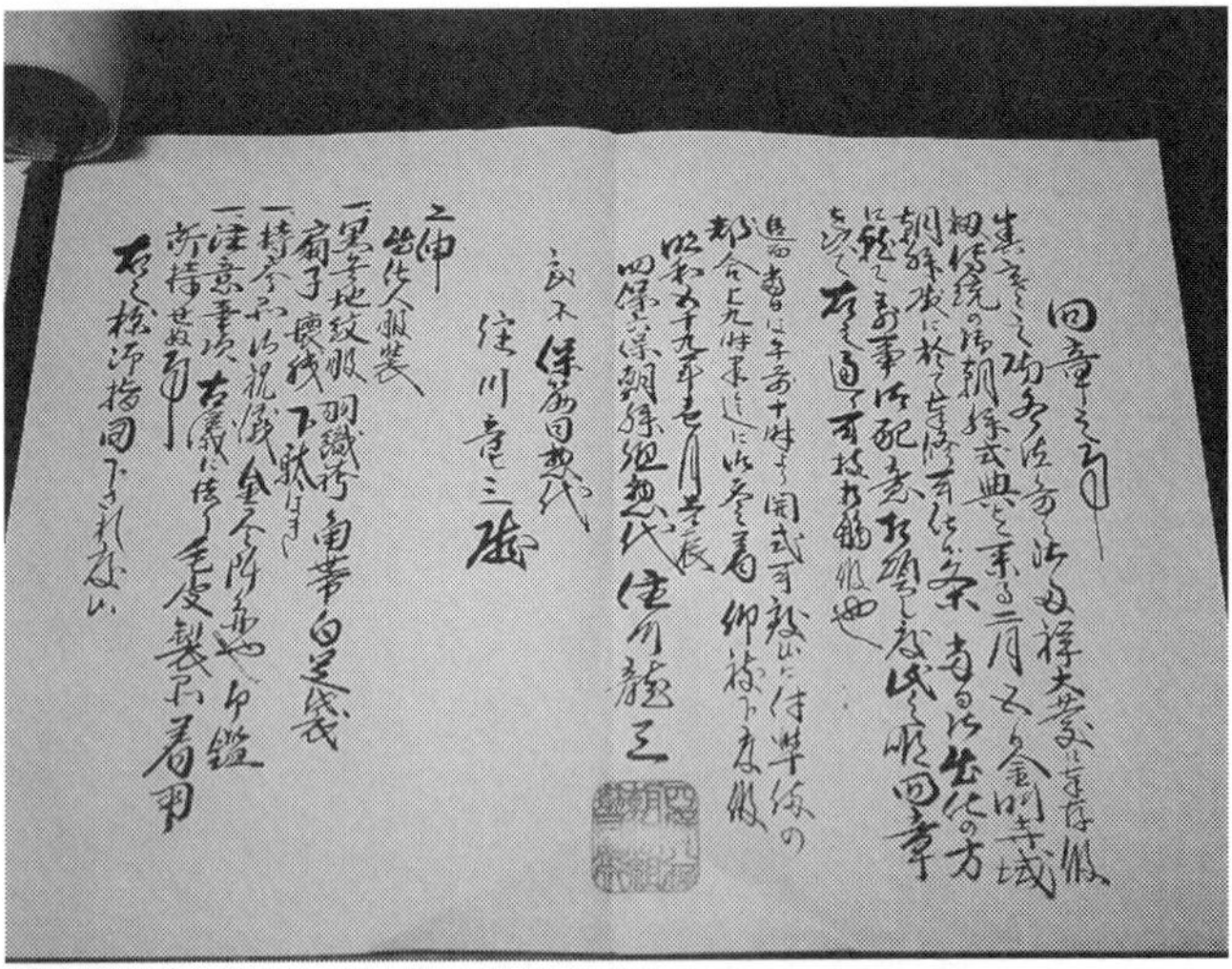

出仕人　朝拝式を挙行する中心的役割を担う。その昔は「殿様」とも呼ばれた。朝拝式を行なう宝物殿前に「陣幕」を張り廻らし、これを「本陣」と呼ぶなど、武家社会的性格が影響しているものと思われる。以下の役職の名称にもその傾向が見られる。毎年、朝拝組惣代《ちょうはいぐみそうだい》より各村惣代に「回章《かいしょう》」、あるいは「回状《かいじょう》」が送られ、出仕人の専任と出仕依頼が行なわれた。現在は川上村朝拝式保存会会長より、各大字の総代に対して同じように回章が送られている。

惣代《そうだい》　総代とも。式典取りまとめ役。朝拝組惣代があたる。現在は川上村朝拝式保存会の会長。

大目付《おおめつけ》　式典における惣代を大目付と称する。

後見《うしろみ》役　大目付の下で、式典執行上の諸指図を行なう。

立衆《たちしゅう》　後見役の下で、実際の諸事遂行にあたる。

作事《さくじ》役　大目付の下で、諸事準備や運営を行なう。勘定方、受付方、接待方、膳部方など。

奉仕人　作事役の下で、実際に諸事雑用を行なう。

これまでは、朝拝組に所属する筋目だけの朝拝式であったが、前章で述べたように第五五一回目に村の無形文化財となってからは、朝拝式の維持存続のために出仕人の門戸を広げようと、朝拝式保存会の皆さんが努力をされてこられた。

そして第五六〇回目となる朝拝式には、川上村出身ではない三名の方が出仕人として参じられたのである。

また奉仕人の中にも川上村出身ではない方が携わられることになった。

新しい時代の「朝拝式」の始まりである。

そうした時代の潮流の中でも、朝拝式は定められた流れに沿って粛々と執行されてゆく。現在の朝拝式次第は、朝拝組統合にあたって議論が進められ、その内容を中谷順一氏がまとめられた『南帝由来考《なんていゆらいこう》』に記された流れに、ほぼ則って行われている。いくつかは省略、もしくは変更も加えられている。

まずは参集された出仕人の名付帳《なつけちょう》（到着名簿）が作成される。このとき、懐紙、白扇の持参と、毛や皮を素材としたものを着用

朝拝式１

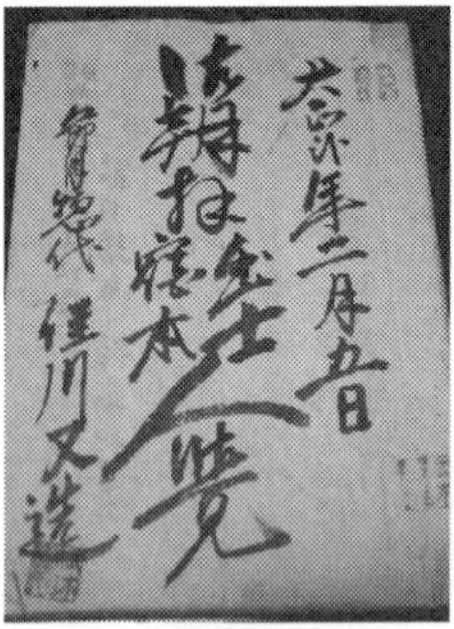
名簿

朝拝式２

していないかどうかなどが確認される。名付帳は、作事役によってさらに年長者順に別牒《べっちょう》転記される。
出仕人は紋付羽織袴の和服正装とされているが、雨であったせいか羽織袴は着用されていなかった。あるいは簡略化されたのかもしれない。大目付、後見役、作事役は紋付羽織袴着用の和服正装、立衆や奉仕人は紋付に袴のみで羽織は着用しない状態であった。また、今回より胡床《こしょう》が用いられるようになり、これまでの直接畳に座しての作法からは大きく変わった。
全員が揃ったところで、出仕人ひとりひとりの名前が、後見役によって年齢順に読み上げられ、読み上げられた順に玉座側より着座してゆく。この名前の読み上げは「改名の儀」でもある。例えば「山田太郎」であれば、「山田ノ太郎」

といった呼称となり、朝拝式執行中はこの名前を用いることになる。最年長者の出仕人を特に「庄座《しょうざ》」もしくは「庄」と呼ぶ。

全員が席次にしたがって着座すると、大目付、後見役、作事役が名乗りを行なう。その後、大目付より「朝拝式」の意義について述べる挨拶が行なわれ、続けて後見役より式次第が説明される。

朝拝式 3

その後、後見役の指示により、出仕人一同に「落付雑煮《おちつきぞうに》」が立衆より供応される。黒塗りの椀に、丸餅だけで他の具材を入れない澄まし仕立ての雑煮で、沢庵が添えられている。

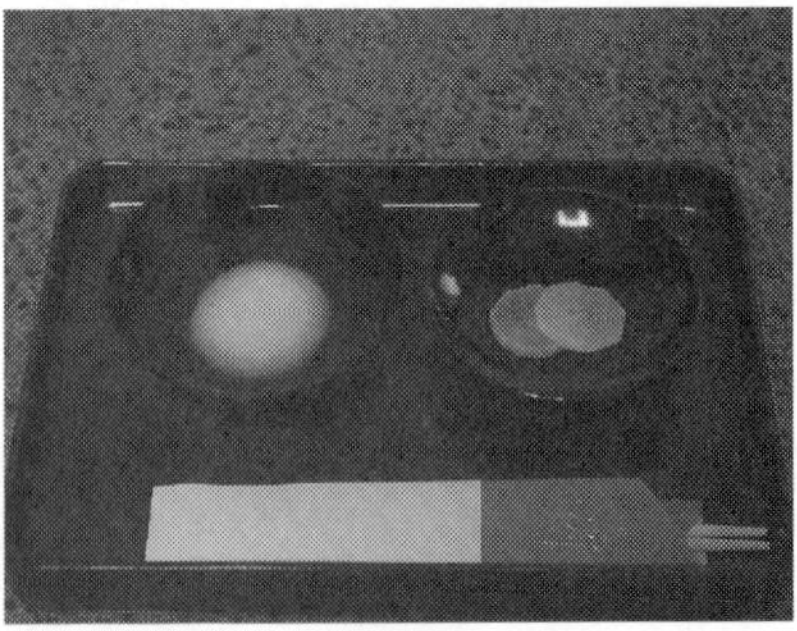

落着雑煮

出仕人が「雑煮」を食べ終わると、立衆がこれを片付ける。

続けて出仕人は、庄座より順に立衆の案内により朝拝殿前に移動し、玄関先にある蹲踞《つくばい》で手と口をすすいで浄め複座する。

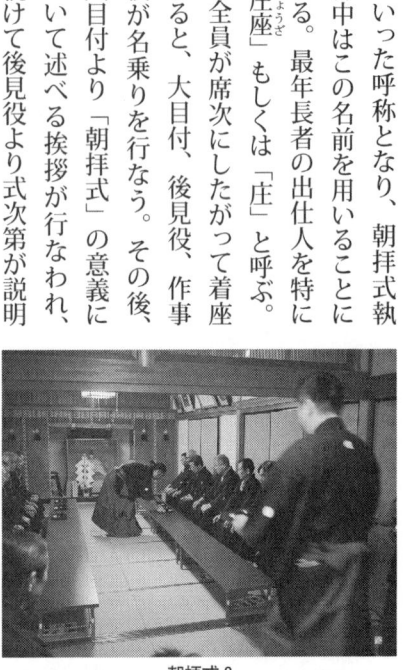

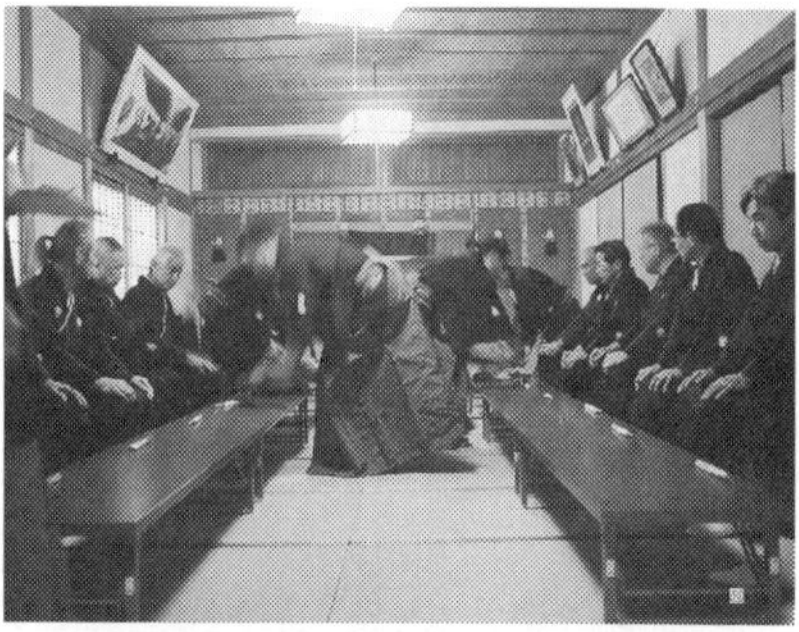

朝拝式 4

朝拝式 5

出仕人全員が複座すると、「時服《じふく》拝領」が告げられる。「十六《じゅうろく》八重《やえ》表《おもて》菊《ぎく》紋入り浅葱《あさぎ》麻地《あさじ》鮫小紋《さめこもん》の裃《かみしも》」が立衆から出仕人に捧げられると、出仕人はこれを座礼とともに拝領するのだが、今回胡床が用いられたことで少し落ち着きが悪かったように思う。

次第としては、大目付、後見役、作事役もここで裃を拝領して着用するのだが、今回、後見役、作事役の方々は事前に裃を着用されていた。出仕人全員が裃を拝領すると、互いに手伝い合いながら一斉に裃を着用する。

一般的な和服正装、紋付羽織袴でさえ一生のうちに着用することがあるかないか。また出仕人としても、朝拝式に参座することが一生に何度あるか。そうした状態であるので、裃の着用はなかなか難しいようで、朝拝殿に顔を出されている各大字の筋目惣代方、保存会の諸先輩方もみな着用を手伝われていた。

全員がなんとか裃を着用し終えると、再び複座し、後見役が玉座に置かれた御幣《ごへい》を奉戴《ほうさい》、庄座に奉持《ほうじ》させる。その後、庄座より順に自天親王《じてんしんのう》神社へと移動し、「自天親王神社祭祀の儀」を執り行う。

自天親王神社神殿前に、庄座より順に二列に整列し、まず後見役による「修祓《しゅばつ》」。次いで階段《きざはし》に真菰《まこも》が敷かれ、大目付が昇殿し「警蹕《けいひつ》」を口にしながら神殿開扉。入れ替わりに庄座が昇殿し、奉持した御幣が神殿内に納められる。

続けて出仕人一同が御供物の準備された控えの建物から神殿まで順に並び、手移しに御供物を送る「献饌《けんせん》」が行なわれる。

献饌が終わると、後見役による「祭文奉誦《さいもんほうしょう》」となる。祭文、つまり祝詞《のりと》であるが、仮名交じり

朝拝式 6

文の奏上体で書かれてある。古い祭文に目を通すと、仮名交じり文ではなく、仮名書き部分に真仮名（万葉仮名）を用いる「宣命書《せんみょうがき》」で書かれてあったが、統合にあたって簡明にされたのであろう。

以下、儀式で読み上げられる文言について、その表記や読みは、現在川上村で使用されているものに従ってあり、一般的なものと異なる部分もある。

祭文（祝詞）

妹背《いもせ》ノ山の神奈備《かんなび》に　神留《かみとどま》り坐《ま》す皇孫《すめみまの》南帝ノ宮　自天親王命大前《じてんしんのうのみことのおおまえ》に畏《かしこ》み畏み白《もう》す　命《みこと》
世《よ》の安国を謀るため吉野奥山の地に遷り　隠坐《かくれま》して郷党《きょうとう》ら仕奉るところ　不意に　草賊《そうぞく》
の忍び入るところとなり　長禄元年神崩《かみくず》れ給うは誠に口惜《くや》しく憤極措《ふんきょくお》くところなし
命に親しく仕奉りし郷党ら後のちの世まで命を偲び　鎮斎《いつき》奉るため同志の者相集い
朝拝式を設け　而《しこう》して命形見《みことの》の遺品《しな》を神座《かみのざ》に在世《ありよ》の如く　御祭仕可奉《おんまつりつかえたてまつるべく》　今御神前《おんみまえ》に
海川山野品々多米津物《うみかわやまのしなじなためつもの》供へ　平らけく安らけく聞食《きこしめ》せと　恐《かしこ》み恐み白す

その後は出仕人一同による「玉串奉奠《たまぐしほうてん》」と聞いていたが、雨のためか庄座のみの玉串奉奠となった。

自天親王神社前での祭祀の儀を終えると、いよいよ御宝庫前での「御朝拝の儀」となる。

自天親王神社を出て、宝庫前に張り巡らされた陣幕に入る出仕人たちに、立衆より榊《さかき》の葉が一枚ずつ手渡され、出仕人は受け取った榊葉を縦向きに咥葉《くわえば》する。

この「榊の咥葉」こそが、朝拝式におけるひとつの真骨張である。なぜ、一宮尊秀《たかひで》王と二宮忠義《ただよし》王が、若くしてその命を落とさねばならなかったか。それは他ならぬ自分たち川上郷士が、余所者《よそもの》を信じて受け入れ、両宮の御座所を軽々しく口にしたためである。その悔恨の念の表われがこの「榊の咥葉」なのだ。

何も語らない。

誰も喋らない。

秘して黙することが、御霊を慰めることであり、忠誠の姿であり、悔恨の証であり、戒めの形なのだ。

大目付が宝庫の鍵を開け、御簾《みす》を巻き上げると、自天親王こと一宮尊秀王の形見となる御遺品が姿を現す。

縹絲縅筋兜《はなだいとおどしすじかぶと》　一領、附《つけたり》大袖一雙《いっそう》及胴丸金具一領分

実に秀麗なる甲冑遺品である。

続けて、大目付による「賀詞《よごと》奏上」が御遺品を前に行われる。

自天親王御遺品

賀詞

恐《かしこ》けれども　本月《ほんがつ》本日これなる御宝庫《みてぐら》を
宮居《みやい》と準《なぞら》へ奉り　畏《かしこ》き南帝の一の宮の遺し
給へる御太刀《おんたち》　長刀《なぎなた》　御兜《おんかぶと》　御鎧《おんよろい》を齋《いつ》き
祀りて　帝が長禄の昔　現《うつ》し世に在《あ》れま
せし尊き御姿と仰ぎ拝み奉り　代々《よよ》の郷士
達受け次ぎ伝へまつりて営み奉りし御朝拝
の御儀を謹みて厳かに修み奉る　伏して願
くは　大前に仕え奉る郷士達の子孫等の忠
義心を安らけくきこしめ給ひ　皇大朝廷《すめらおおらぎ》の
大御稜威《おおみいつ》を　天輝し國輝しに輝かしめ給へ
と　恐《かしこ》み恐み言祝ぎ奉らくと奏す

出仕人がここでは全員玉串奉奠を行ない、来賓や関係者も続けて玉串を奉奠する。

朝拝式
（川上村無形民俗文化財）
（写真提供・川上村教育委員会）

これで「御朝拝の儀」は終わりとなり、「御陵参拝の儀」へと移動する。

宝庫はしばらく開けたままにされ、「啐葉」をした立衆による御遺品儀仗《ぎじょう》の中で一般参賀者も御遺品の御拝《ぎょはい》が可能となる。一般参賀者の御拝がすべて終了すると、立衆が「啐葉」をしたまま御遺品を櫃《ひつ》に納め、宝庫を閉扉施錠する。

出仕人たちは御陵に移動しているため、立衆ほか奉仕人によって自天親王神社の「撤饌《てっせん》」も行なわれ、御供物は朝拝殿に移される。

御墓には、宮内庁書陵部の職員の方と、宮内庁からの委託を受けて御陵守部《ごりょうもりべ》をされている地元の方とが待機して参拝準備をされている。

御墓前に参陵した出仕人一同御墓に拝礼し、後見役による「誄《しのび》奉誦」。

誄

郷党《きょうとう》の裔《えい》等

本日吉辰《きっしん》　御朝拝の儀を奉修《おさめたてまつ》り　只今御墓前に額衝き　慎みて白《もう》す

皇孫命《すめみまのみこと》　千歳万斛《せんざいばんこく》の御無念を断抽《おさめた》ち　幾世《いくせ》神鎮り賜へと　恐《かし》み恐み白す

再度出仕人一同が御墓に拝礼して「下向《げこう》」となる。金剛寺本堂前での記念撮影を経て朝拝殿へ下向。

「朝拝殿の儀」では、まず大目付による「御宝物由来記奉読《ごほうもつゆらいき》」が行われる。南朝代々の名前や事績が述べられ、両宮の最後の悲劇から朝拝式に至る流れが奉読される。少し前までの朝拝式では、この「御宝物由来」を読み上げる側も聞く側も、思わず忍び泣き、噎《むせ》び泣くほどであったという。

筋目の方々にお話を伺ったときでも、昭和戦前あたりまでのことはともかくも、明治時代のことも、江戸時代のことも、また祖先たちの長禄の変での赤松との闘いも、尊秀王や忠義王のことも、まるで昨日の自分たちの体験のように語る方々がおられる。

祖父や祖母から、父や母から、あるいは近所の古老たちから、事ある毎に話を聞く「なんて

朝拝式8

朝拝式 9

おさん」のことである。祖先の営みの積み重ねが、自分の心に積み重なってくる。自分の身に染み渡っているのである。そのような方々が「御宝物由来」を耳にすれば、自ずと感情も揺すぶられようというものであろう。

「賜餐《しさん》の儀」として「御神酒《ごしんしゅ》頂戴」となり、これにて滞りなく「朝拝式」が終わり解散となる。古くはこの後に「直会《なおらい》」があったようであるが、現在では行なわれていないようである。

出仕人の方々が袴を解いて戻って行かれた後、朝拝殿に残られた保存会の方々も菊花紋章の袴を解かれる。解いたばかりの袴を手に取り「新しくしたいなぁ」と惣代の一人の方が呟かれると、「来年はなんとかしようか」と別の惣代の方が応じられ、皆が袴を手にしばらくじっと見つめて短い沈黙があった。どれくらいの間使われてきたのだろうか、統合前の各保で使用されていたものが集められてきた、その浅葱麻地の裃の中には、ところどころ擦り切れて傷んでいるものもある。新しくしたいと、呟くように語られた声。それは、この朝拝式を営々と継続してきた筋目としての矜持であり、自分たちの代で失うことなく、さらに長く続けて行かねばならぬという強い思いである。その思いは、言霊となって確かにそこに在った。

第五六〇回目の朝拝式も滞りなく終わりを迎えた。次なる第五六一回目の朝拝式の日まで、自天親王の御遺品も菊花紋章の裃も静かな眠りにつく。

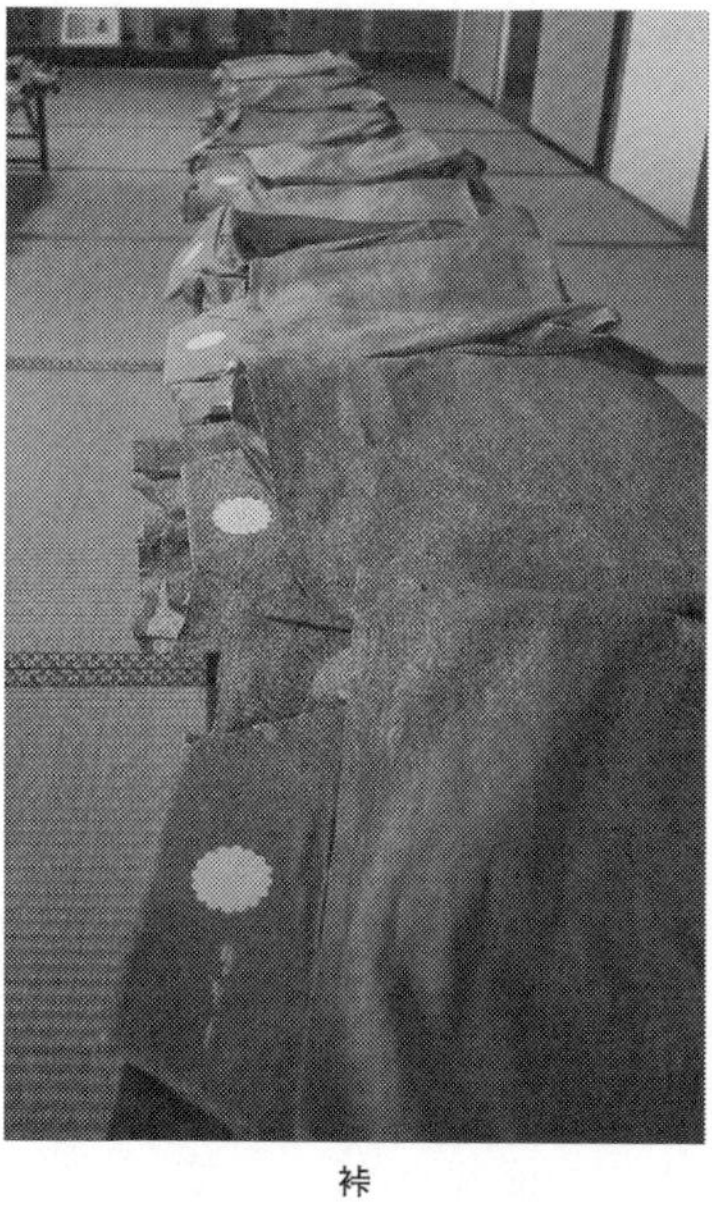

裃

さいごに

失われつつある日本人の心の一端が、「やまとごころ」がここにしっかりと受け継がれて残されていることを見逃してはならない。

そしてそれは「こういうものなのだ」と形や容を明らかに、声を大にして語る類のものではない。継承されて守り続けられている儀式を目にし、伝承を耳にし、そこに関わる人々の声に触れた時に、あなたの心にすっと寄り添ってくる何か、あなたの心をふっと揺るがせる何か、そうした言葉にはならないけれど、はっと腑に落ちてくるような気付き、そうしたものだ。

それを感じていただくためにも、実際に多くの方々に川上村に足を運んでもらい、その未だ闇の中に小さく輝いている光に触れていただきたいのである。

しかしそれがただの興味本位であったり、ただのイベントになってしまったりしては困る。また南朝とその皇胤という響きだけに摺り寄ってくるスピリチュアリズムもどきであったりしても困る。あからさまに書くならば、低俗な「欲」にからんだものであっては迷惑でしかないのである。

誤解を恐れずに言えば、この伝承と儀式は触れる人を選ぶ。

幾多の困難を経つつも、五六〇年に亘ってその価値を守り続けようとしてこられた川上村の先達たちの思いが、蔑ろにされ無に帰されるようなことがあっては断じてならないのである。

そこには、この心を保ち続け受け継いできた代々の人たちへの敬意と、一定の歴史への知識と、大切に込められてきた気持ちに寄り添うことができるだけの思いが必要なのである。

だからといってあまり小難しく考えたくもない。

本書がそこに近付くための一助となるならば心から嬉しく思う。

形ある歴史的探求の深まりと、形を持たない継承の心の深まりと、双方相俟って新しい川上村の宝となっていくことを願ってやまない。

【参考文献】

『川上村史』「資料編　上」川上村史編纂委員会　昭和六二　一九八七
『川上村史』「資料編　下」川上村史編纂委員会　昭和六二　一九八七
『川上村史』「通史編」川上村史編纂委員会　平成元年　一九八九
『川上村史』福島宗緒（川上村役場）昭和一五年　一九四〇
『高原村史』高原史跡保存会　昭和四三年　一九六八
『高原村史』高原史跡保存会　昭和五九年　一九八四
『こうだに誌』中谷順一編（上谷区）昭和六一年　一九八六
『後南朝秘史　南帝由来考』中谷順一（私家版）昭和六〇年　一九八五
『川上村に伝わる後南朝史』辰巳義人（私家版）昭和四五年　一九七〇
『川上村事蹟に關する記録』辰巳藤吉（私家版）昭和七年　一九三二
『吉野風土記　七』「後南朝史のあらまし」福島宗緒（吉野史談会）昭和三三年　一九五八
『吉野風土記　七』「後南朝の史蹟」佐藤虎雄（吉野史談会）昭和三三年　一九五八
『吉野風土記　七』「川上村御朝拝式の由来について」辰巳藤吉（吉野史談会）昭和三三年　一九五八
『吉野風土記　七』「後南朝の歴史とその史蹟の研究」岸田日出男（吉野史談会）昭和三三年　一九五八
『吉野風土記　八』「後南朝の研究とその史蹟」岸田日出男（吉野史談会）昭和三三年　一九五八

『吉野風土記　八』「血ぬられた南朝末裔の悲史」熊沢昭元（吉野史談会）昭和三三年　一九五八
『吉野風土記　八』「南朝は五代か」井頭利栄（吉野史談会）昭和三三年　一九五八
『吉野風土記　八』「南朝記考」大口善信（吉野史談会）昭和三三年　一九五八
『吉野風土記　九』「川上村御朝拝の由来についての所見」大口善信（吉野史談会）昭和三三年　一九五八
『吉野風土記　一〇』「三ノ公の皇居と大杉谷」瀧川政次郎（吉野史談会）昭和三三年　一九五八
『吉野風土記　一三』「ふるさと賛歌」福島宗緒（吉野史談会）昭和三四年　一九五九
『吉野風土記　一三』「川上村高原の伝記のことなど」岸田日出男（吉野史談会）昭和三四年　一九五九
『吉野風土記　二八』「吉野郡地名考（東熊野街道方面）―東吉野・川上・上北山・下北山の部―」乾健治
（吉野史談会）昭和四〇年　一九六五
『悲運の南朝皇胤並自天王祭祀について』伊藤獨（檜書店）昭和四七年　一九七二
『南朝遺蹟吉野名勝誌』林水月（吉川弘文館）明治四四年　一九一一
『南帝王さまの旅』吉見良三（奈良新聞連載）
『後南朝史論集』後南朝史編集會編（新樹社）昭和三一年　一九五六
『中村直勝著作集　第三巻』「南朝の研究」中村直勝（淡交社）昭和五三年　一九七八
『村田正志著作集　第一巻』「増補南北朝史論」村田正志（思文閣出版）昭和五八年　一九八三
『村田正志著作集　第七巻』「風塵録」村田正志（思文閣出版）昭和六一年　一九八六
『日本史の研究　第一輯　上』「南北合體條件」三浦周行（岩波書店）昭和五六年　一九八一

『大日本史料　第七編之二十八』（東京大学史料編纂所）昭和四一年　一九六六
『史料纂集　古記録篇　花園天皇宸記第二』村田正志校訂（續群書類從完成會）昭和五九年　一九八四
『史料纂集　古記録篇　師郷記一』藤井貞文、小林花子校訂（續群書類從完成會）昭和六〇年　一九八五
『史料纂集　古記録篇　師郷記二』藤井貞文、小林花子校訂（續群書類從完成會）昭和六〇年　一九八五
『史料纂集　古記録篇　師郷記三』藤井貞文、小林花子校訂（續群書類從完成會）昭和六一年　一九八六
『史料纂集　古記録篇　師郷記四』藤井貞文、小林花子校訂（續群書類從完成會）昭和六二年　一九八七
『史料纂集　古記録篇　師郷記五』藤井貞文、小林花子校訂（續群書類從完成會）昭和六三年　一九八八
『史料纂集　古記録篇　經覺私要鈔三』高橋隆三、小泉宜右校訂（續群書類從完成會）昭和五〇年　一九七五
『史料纂集　古記録篇　經覺私要鈔四』高橋隆三、小泉宜右校訂（續群書類從完成會）昭和五二年　一九七七
『羣書類從　第拾參輯　巻第三百七十四』「合戦部廿三　嘉吉記」（經濟雑誌社）明治二七年　一八九四
『羣書類從　第拾四輯　巻第三百九十三』「合戦部廿五　赤松記」（經濟雑誌社）明治二七年　一八九四
『羣書類從　第拾四輯　巻第三百九十八』「合戦部卅　上月記」（經濟雑誌社）明治二七年　一八九四
『續群書類從　補遺一　上』「滿濟准后日記一」（續群書類從完成會）昭和三三年　一九五八
『續群書類從　補遺一　下』「滿濟准后日記二」（續群書類從完成會）昭和三三年　一九五八
『續群書類從　補遺二　上』「看聞御記一」（續群書類從完成會）昭和三三年　一九五八

『續群書類從　補遺二　下』「看聞御記二」（続群書類從完成會）昭和三四年　一九五九
『史料大成　吉記二』「吉続記」矢野太郎校訂（内外書籍）昭和一〇年　一九三五
『増補史料大成　三七　康富記一』増補「史料大成」刊行会（臨川書店）昭和四〇年　一九六五
『増補史料大成　三八　康富記二』増補「史料大成」刊行会（臨川書店）昭和四〇年　一九六五
『増補史料大成　三九　康富記三』増補「史料大成」刊行会（臨川書店）昭和四〇年　一九六五
『増補史料大成　四十　康富記四』増補「史料大成」刊行会（臨川書店）昭和四〇年　一九六五
『増補續史料大成　第二十一巻　蔭涼軒日録一』竹内理三編（臨川書店）昭和五三年　一九七八
『増補續史料大成　第二十二巻　蔭涼軒日録二』竹内理三編（臨川書店）昭和五三年　一九七八
『増補續史料大成　第二十六巻　大乗院寺社雑事記一』辻善之助編（臨川書店）平成一三年　二〇〇一
『増補續史料大成　第二十七巻　大乗院寺社雑事記二』辻善之助編（臨川書店）平成一三年　二〇〇一
『増補續史料大成　第二十八巻　大乗院寺社雑事記三』辻善之助編（臨川書店）平成一三年　二〇〇一
『増補續史料大成　第二十九巻　大乗院寺社雑事記四』辻善之助編（臨川書店）平成一三年　二〇〇一
『増補續史料大成　第三十巻　大乗院寺社雑事記五』辻善之助編（臨川書店）平成一三年　二〇〇一
『増補續史料大成　第三十七巻　大乗院寺社雑事記十二』「大乗院日記目録」辻善之助編
（臨川書店）平成一三年　二〇〇一
『国史大系　第二十一巻下　水鏡・増鏡』原田文穂校訂（吉川弘文館）昭和四五年　一九七〇
『国史大系　第三十五巻　後鑑　第二篇』黒坂勝美校訂（吉川弘文館）昭和四〇年　一九六五

『大日本古記録　建内記一』東京大学史料編纂所編（岩波書店）昭和四〇年　一九六五
『大日本古記録　建内記二』東京大学史料編纂所編（岩波書店）昭和四一年　一九六六
『大日本古記録　建内記三』東京大学史料編纂所編（岩波書店）昭和四三年　一九六八
『大日本古記録　建内記四』東京大学史料編纂所編（岩波書店）昭和四五年　一九七〇
『大日本古記録　建内記五』東京大学史料編纂所編（岩波書店）昭和四七年　一九七二
『大日本古記録　建内記六』東京大学史料編纂所編（岩波書店）昭和四九年　一九七四
『大日本古記録　建内記七』東京大学史料編纂所編（岩波書店）昭和五一年　一九七四
『大日本古記録　建内記八』東京大学史料編纂所編（岩波書店）昭和五三年　一九七四
『大日本古記録　建内記九』東京大学史料編纂所編（岩波書店）昭和五七年　一九七四
『大日本古記録　建内記十』東京大学史料編纂所編（岩波書店）昭和六一年　一九七四
『大日本古記録　實躬卿記四』東京大学史料編纂所編（岩波書店）平成一三年　二〇〇一
『大日本古記録　薩戒記一』東京大学史料編纂所編（岩波書店）平成一二年　二〇〇〇
『大日本古記録　薩戒記二』東京大学史料編纂所編（岩波書店）平成一五年　二〇〇三
『大日本古記録　薩戒記三』東京大学史料編纂所編（岩波書店）平成一八年　二〇〇六
『大日本古記録　薩戒記四』東京大学史料編纂所編（岩波書店）平成二一年　二〇〇九
『大日本古記録　薩戒記五』東京大学史料編纂所編（岩波書店）平成二五年　二〇一三
『大日本古記録　薩戒記六』東京大学史料編纂所編（岩波書店）平成二八年　二〇一六

『鎌倉遺文　古文書編　第三十九巻』竹内理三編（東京堂出版）平成元年　一九八九
『皇室制度史料　皇族四』宮内庁書陵部（吉川弘文館）昭和六一年　一九八六
『伴信友全集　第三』「残櫻記」伴信友（国書刊行会）明治四二年　一九〇九
『大和古文書聚英』永島福太郎編（奈良縣圖書館協會）昭和一七年　一九四二
『紀の川上流地域自然環境調査報告書（歴史編）』宮坂敏和，廣吉壽彦（奈良県）昭和五〇年　一九七五
『寧楽史苑　第五三号』「川上村朝拝式の変遷過程から見る当事者の実践
—昭和四十年代以降の変遷を中心に—」何谷有美（奈良女子大学史学会）平成二〇年　二〇〇八
『立命館文學　No.二六四』「平安時代の即位儀とその儀仗—文安御即位調度図考—」山本崇
（立命館大学）平成二四年　二〇一二
『南朝全史　大覚寺統から後南朝へ』森茂暁（講談社選書メチエ）平成一七年　二〇〇五
『闇の歴史、後南朝　後醍醐流の抵抗と終焉』森茂暁（角川ソフィア文庫）平成二五年　二〇一三
『歴史読本　第五二巻八号』「検証後南朝秘録」（新人物往来社）平成一九年　二〇〇七
『吉野紀行』前登志夫（角川選書）和五九年　一九八四
『かくれ里』白洲正子（新潮社）昭和四七年　一九七二
『補訂　大和地名大辞典（正続合本）』日本地名学研究所（名著普及会）昭和五九年　一九八四

あとがき

増田隆という人は秀逸な人材である。

こんな人物が巷に微睡《まどろ》んでいるのが不思議でならなかった。

平成二十八年の十二月に、奈良県が主催して、絶品とも言える映像作家・保山耕一氏の映像を中心に、吉野を語るシンポジウムを開催した。

その際に、吉野を語るなら、是非奥吉野に密かに守られている『後南朝』の史実について広く県民に知らしめてもらいたいという願望が容れられることになった。

それまでは腫れ物をさわるようにしていた後南朝について、現地川上村を訪《おとな》い、「筋目」の方々にもお目にかかり、種々の史料も入手して繙《ひもと》き始めたのではあるが、難解に過ぎる物ばかりであり、とても入門と言える書物は無かった。殊に学者の著述には、中央の記録に無いが故に真実が極められぬという手枷足枷を感じたのである。

それは至極当然あたりまえの成り行きであって、そもそも足利義教によって「南方御一流は、今において断絶されるべし」という、南朝方殲滅作戦が企てられたる為、どの宮が吉野の何処《いずこ》に坐しますかは、極秘事項であって、どの血流のどなたが存在せられるかさえも秘せられたのである。

ましてや赤松残党の謀略によって自天王の首級を奪われたのであるから、何百年にも亘って「言うな。語るな。」が貫かれて来た訳である。

しかるに御遺品は紛れも無き南後朝の逸品として、国の文化財に指定される程の証拠の品々が厳然として川上村に存在しているのである。

この歴史的空間を埋めるには、奥吉野に伝承される秘史と、遺跡を紡ぎ合わせるという、丁重な作業を経ぬ限り、とても叶えられるものでは無い。加えて古老の伝承が光彩を放つうちに、急いで事を成さねばならぬが故に、増田隆氏にこの任を懇願したのである。

氏は速に「奥の三ノ公」へと独り赴かれ、往復六時間に及ぶ山路を辿り、数多の写真を撮影されたのである。

願うところは、入門書であり専門書たりうる内容であった。加えて先賢の資料も納めるという、無謀極り無い要求を見事成し遂げて下さったのが本書である。

どうかこの本を鞄に納め、多くの人々に吉野の故地を尋ねていただき、先人の労苦と偉業を偲んでもらうと共に、永く未来にこの伝承を語り継いでもらいたいと渇望する次第なのである。

平成二十九年十二月

奈良県立大学客員教授　岡　本　彰　夫

資料編

(第3種郵便物認可)

南帝《なんて》王《お》さまの旅

吉見　良三

❶

題字は書家　辰巳佳泉氏

はじめに

吉野の南朝が、足利義満の仲介で北朝と和解し、両朝の合体が成ったのは、元中九年(一三九二、北朝の明徳三年)十月である。南北朝の抗争は、表面的にはこれで終息したことになっているが、実際には和睦の条件が履行されなかったこともあって、南朝の旧臣らが納まらず、応仁の乱までの約七十年間、南朝復興を図って抗争を繰り返す。この南方の勢力を「後南朝」という。

後南朝は応永十五年(一四〇八)、同二十二年、正長元年(一四二八)、永享二年(一四三〇)、同十二年、文安元年(一四四四)と前後六回にわたって兵を挙げ、その間、応永十七年には南朝最後の帝・後亀山法皇が京都を脱出して吉野に立てこもるなど、さんざん足利幕府を悩ませた。その頂点ともいえるのが、嘉吉三年(一四四三)の三種の神器奪取と、翌文安元年の新皇擁立であった。

吉野の兵が京都御所を焼き討ちして神璽(しんじ)を強奪し、南朝の皇胤(いん)を〝天皇〟に擁立して、川上村の深山に第二吉野朝廷を発足させたのだが、これも十四年後の長禄元年、〝天皇〟が足利幕府の刺客に暗殺され、せっかくの神璽も奪還されて、むなしく幕を閉じる。

よしみ・りょうぞう　一九二八年生まれ。一九五三年から三十四年間読売新聞大阪本社記者、一九八七年フリーライターとなる。黒川良太郎の筆名で、一九六四、六五両年、オール読物新人賞候補。著書に「古都斑鳩幻相」「奈良千年の謎」など。現住所は奈良市西大寺宝ケ丘七ノ三五。

後南朝の〝都〟川上村

この史実は神器の紛失がからむので、戦前は教科書にも記載されず、戦後もあまり研究が進んでいない。後南朝の朝廷が深山に潜んでいたため、史料が欠落していて、明確にできない点が多いからだ。南方側の記録はあるが、いずれも近世のもので、学術的には土俗的な伝承、口碑のたぐいで信ずるに足りないという。

だが、後南朝の〝都〟であった川上村では遺臣の末裔(まつえい)が、非業の最期を遂げた若い帝を「なんておう(南帝王)さま」と敬い、毎年二月五日に御朝拝式を執行して、生ける帝に奉するがごとく朝賀をつづけ、現在まで五百三十年余、一度も欠かしたことがないという。これは百年の記録に勝る生きた史料である。後南朝を土俗の伝承、口碑だと軽く片付けてしまうわけにもいくまい。

日本史でも、南北朝時代ほど史観の急変した時代はない。戦前は南朝が正統で、足利尊氏は大逆賊だったが、戦後は評価が一変して北朝が見直され、尊氏は時代の英雄とされている。しかし川上の末裔は、そんな変転におかまいなく、後南朝を誇りにし、自らを「筋目」と称して厳しく血統を守り「なんておさま」に〝仕え〟てきた。これはもう信仰といっていいくらい頑固で、その歩みをたどってゆくと、典型的な日本人の思考と行動様式をみる思いがする。

なにが「筋目」たちをそこまで徹底させるのか―。実際にその風土に立ち「筋目」の人々の暮らしをのぞいて、自分なりに後南朝を考えてみたい。そんな思いで、筆者は昨年から何度か川上村を訪れた。村内を思うままにあちこち歩き回り、二、三の「筋目」の人たちとも知りあって、自分なりに後南朝の輪郭をなぞってみた。以下はその報告である。

(フリーライター)

後南朝関係史跡図

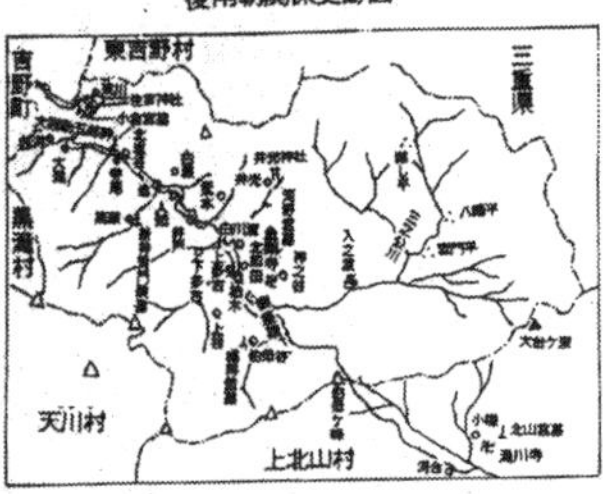

山また山に抱かれた川上村。この秘境に「なんておさま」の秘史と御朝拝の伝統が息づく(川上村 教委提供)

奈良新聞にて 1989(平成元)年 6 月 6 日(火)より同年 12 月 12 日まで毎週連載

祭文（祝詞）（武木［四保］・住川家文書）

祝詞《のりと》

掛麻久母《かけまくも》恐伎《かしこき》自天親王神社《じてんしんのうじんじゃ》大前尓《おほまえに》筋目総代《すじめそうだい》住川龍三恐美恐美母《かしこみかしこみも》
白左久《まおさく》月乃中尓《つきのなかに》日波《ひは》在礼抒母《あれども》師走乃始乃二日登云布《しはすのはじめのふつかといふ》日波《ひは》大和國吉野郡《やまとのくによしののこほり》
川上村神之谷乃郷尓《かわかみむらこうのたにのさとに》奇志伎《くしき》御光乎輝志給比氏《みひかりをかがやかしたまひて》瑞乃御殿《みずのみあらか》仕奉里氏《つかへまつりて》靜宮乃《しずみやの》
常宮登《とこみやと》鎮里給比志与里《しずまりたまひしより》此方《このかた》千年乃後万伝母《ちとせののちまでも》御寿乃《みいのちの》御祭《みまつり》絶由留事無久《たゆることなく》
変留事無久《かはることなく》仕奉里來志《つかへまつりこし》任尓《まにまに》今日波《けふは》志母《しも》一年尓一回《ひととせにひとたび》仕奉留《つかへまつる》大御祭日奈留賀《おほみまつりのひなるが》
故尓《ゆへに》大前乎《おほまえを》齋麻波里《ゆまはり》清麻波里氏《きよまはりて》献奉留《たてまつる》御食御酒《みけみき》種々乃物乎《くさぐさのものを》平介久《たひらけく》
安介久《やすらけく》聞食志氏《きこしめして》天皇命乃《すめらみことの》大御代乎《おほみよを》堅磐尓《かきはに》常磐尓《ときはに》齋奉里《いつきまつり》嚴御代乃《いかしみよの》
足御代登《たらしみよと》幸比奉里給比《さきはひまつりたまひ》天下四方乃國乃《あめのしたよものくにの》國民波《くにたみは》職尓《なりはひに》業尓《わざに》勉米《つとめ》勵美氏《はげみて》
月尓《つきに》日尓《ひに》進米《すすめ》栄行久世尓《さかえゆくよに》遅留々事奈久《おくるることなく》立栄衣志米給比《たちさかえしめたまひ》此乃御社尓仕《このみやしろにつかへ》
奉留《まつる》六保四保乃《ろっぽしほの》筋目総代乃《すじめそうだいの》諸々《もろもろ》遠伎世乃《とほきよの》永伎世尓《ながきよに》蒙里奉里志《かがふりまつりし》
廣伎《ひろき》厚伎《あつき》恩頼乎《みたまのふゆを》一日片時母《ひとひかたときも》忘留々事無久《わするることなく》淨伎《きよき》赤伎《あかき》真心乎《まごころを》
以氏《もちて》仕奉良志米給閉登《つかへまつらしめたまへと》恐美恐美母白須《かしこみかしこみもまおす》

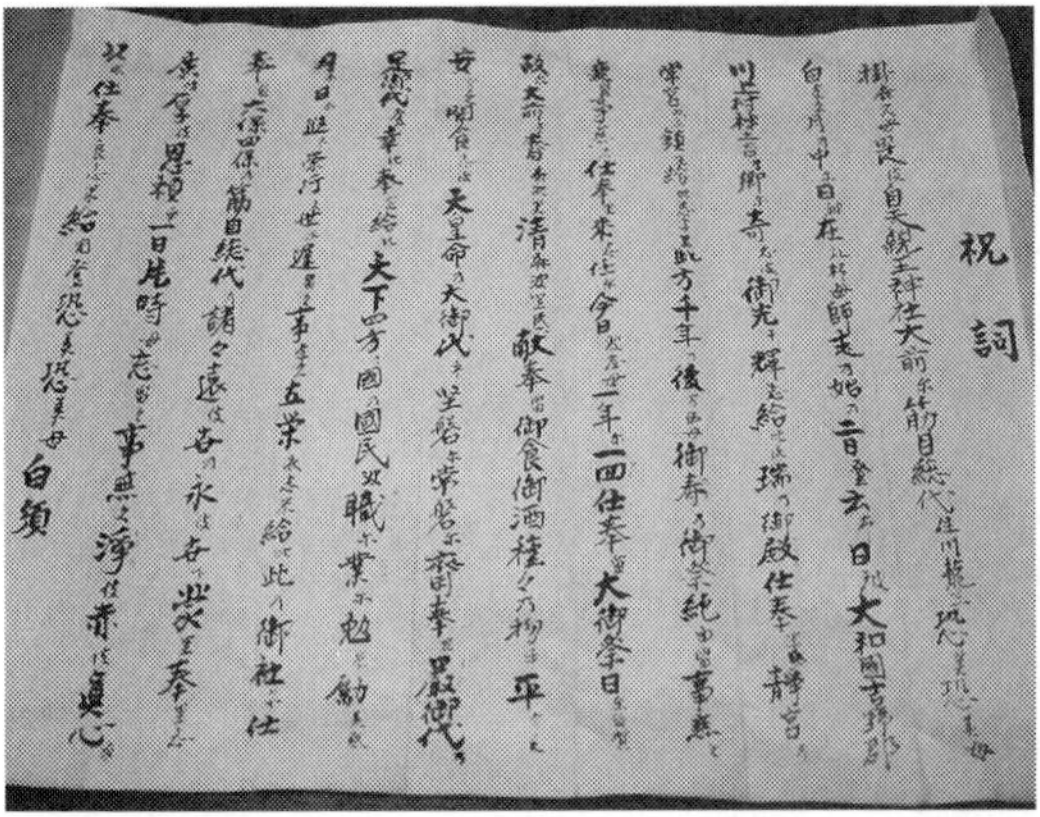

賀詞（武木［四保］・住川家文書）

賀詞《よごと》

恐《かしこ》けれども本月本日《ほんがつほんじつ》これなる御宝庫《みたからぐら》を
宮居《みやゐ》と準《なづら》へ奉り畏《かしこ》き南帝一の宮の遺し
給へる大刀長刀御鎧を斉《いつ》き祀りて帝が
長禄の昔現《うつ》し世に在《あ》れませし尊き御姿と
仰ぎ拝《おろが》み奉り代々の筋目の者共受け傳へ
來し御朝拝の御儀を儼かに修《いとな》み奉る
伏して願くは大前に奉仕《つかえまつ》る郷士の子孫《うみのこ》
等の忠誠心《まごころ》を安らけく饗《みそなわ》しめ給ひ
皇大朝廷《すめおほみかど》の大御稜威《おほみいつ》を天輝し國輝
しに輝かしめ給へと恐み恐み言壽《ことほぎ》奉
らくと奏す

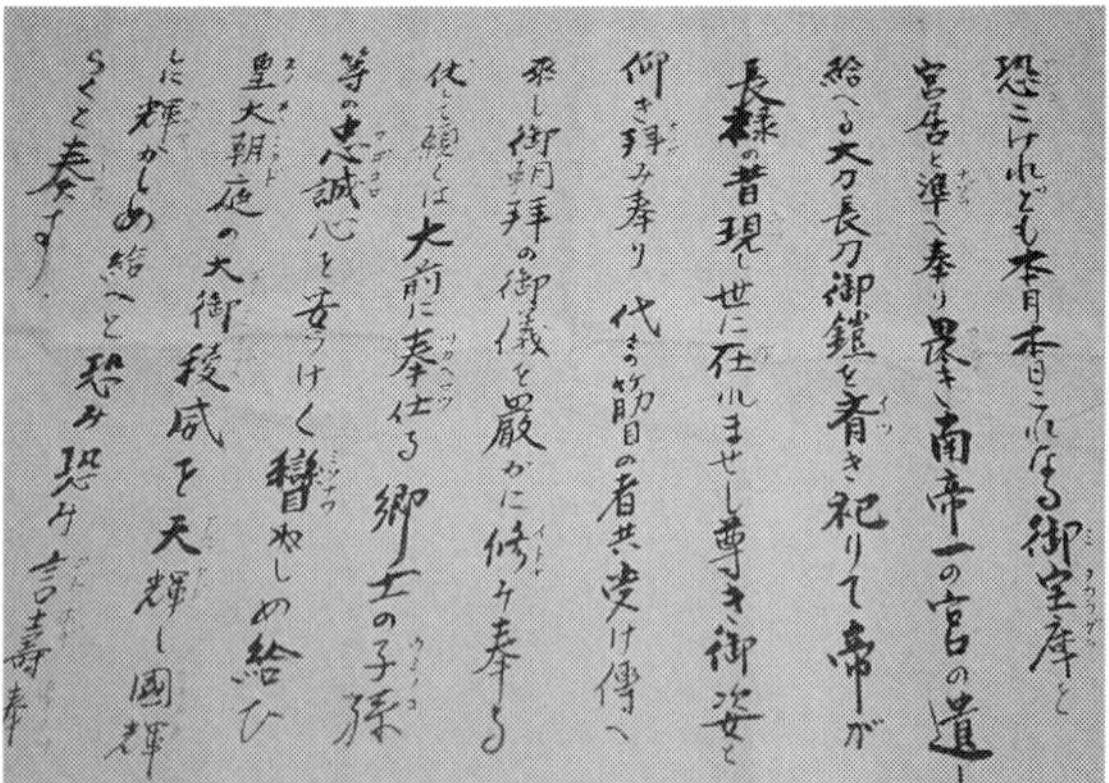
恐こけれども本月本日これなる御宝庫と
宮居と準へ奉り畏き南帝一の宮の遺し
給へる大刀長刀御鎧を斉き祀りて帝が
長禄の昔現し世に在れませし尊き御姿と
仰ぎ拝み奉り代々の筋目の者共受け傳へ
來し御朝拝の御儀を儼かに修み奉る
伏して願くは大前に奉仕る郷士の子孫
等の忠誠心を安らけく饗しめ給ひ
皇大朝庭の大御稜威を天輝し國輝
しに輝かしめ給へと恐み恐み言壽奉
らくと奏す

誄（武木［四保］・住川家文書）

誄《しのび》

郷等《きょうとう》の斎《えい》等

本日吉辰《きっしん》　御朝拝の儀を
奉修《おさめたてまつ》り　只今　御墓《みささぎ》前に
額突き　慎みて白《まお》す
皇孫命《すめみまみこと》　千歳万斛《せんざいばんこく》の
御無念を断抽《おさめた》ち　幾世《いくせ》
神鎮り賜へと　恐《かしこ》み
恐み白す

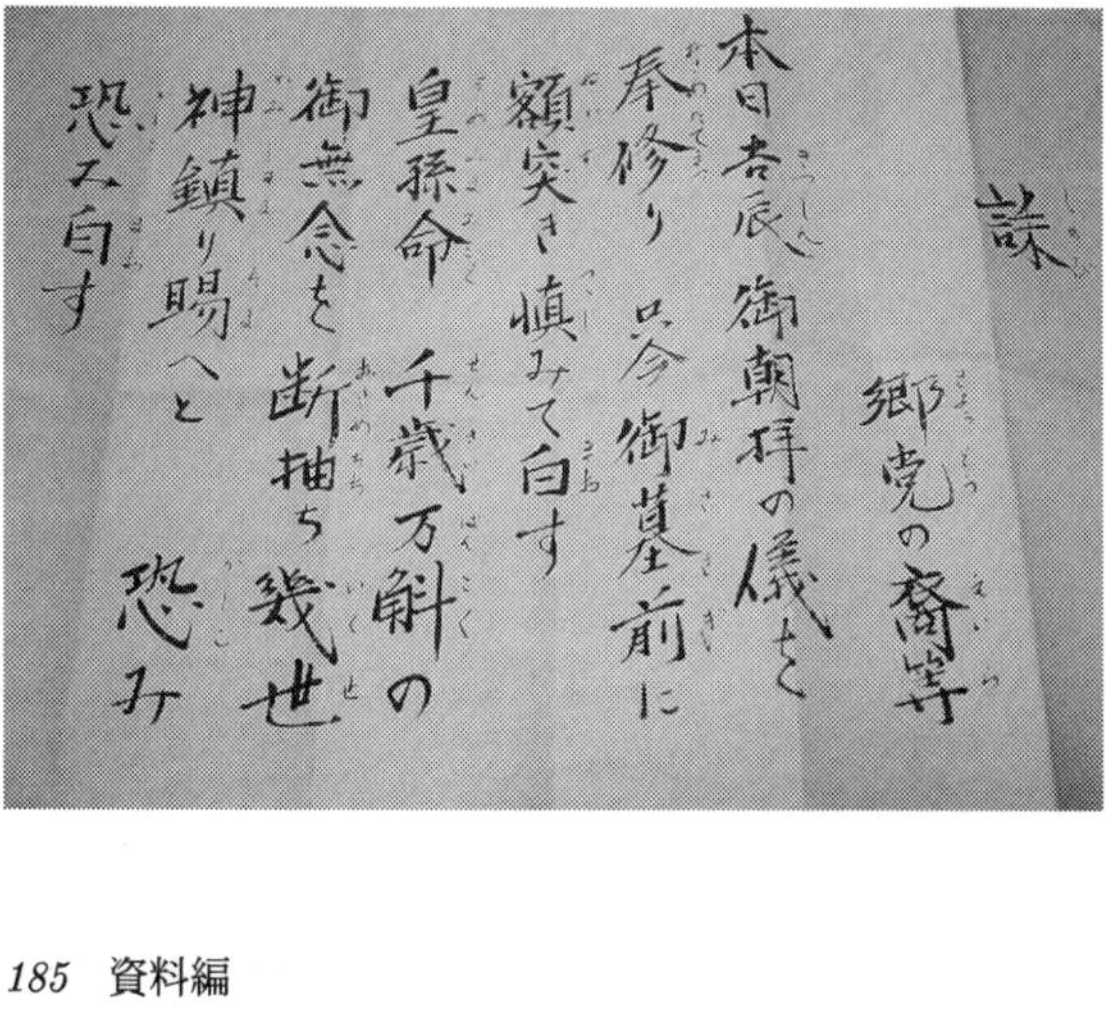

南帝自天親王川上郷御宝物由来書写（七保所有文書）

南帝自天親王川上郷御宝物由来

一

後醍醐天王

人王九十五(六)代、延元二丑年吉野山ニ御入幸成自南帝ト申タテマツル、同四卯歳八月十六日吉野山ニ於崩御、寿五十二、吉野ニテ在位五年、御廟所塔之尾山ニ有、

二

後村上院

後醍醐天王第七之宮、諱義良親王ト申タテマツル、南朝之興国元寅歳御即位、正平廿三戌(戊)申三月ニ崩御、吉野山ニテ在位三十年、御廟所河州観心寺ニ有、

三

長慶院

後村上院第二之宮、諱寛成親王と申タテマツル、正平二十三戌申御即位有、紀州高野山ニテ崩神(御カ)、吉野山ニテ御在位五年、御廟所高野山ニ有、

四

熙成《よしなり》王

後村上院第三之宮、諱熙成親王ト申タテマツル、建徳五壬(マヽ)子歳御即位、此王代ニ当テ北帝ト御和睦有、三種神器北帝ニ送ル、太上天皇之尊号保給イ後亀山院ト奉申、洛陽西嵯峨ニテ崩御、御廟所西嵯峨ニ有、南朝北朝ト別テヨリ御和睦迄五十六年之間也、

五

小倉院

後亀山院第一之宮、諱実仁親王ト申タテマツル、御父君崩御之後南朝ノ世ニナサント伊勢之国司ヲ頼、八庄司公文之党同心シテ戦シニ時不至、小倉院ハ降参シタマイ、其後嵯峨ニ住給フ、若宮三人有、一ノ宮ヲ天基親王、二之宮ヲ円満院ト申タテマツル、勧修寺之弟子トナリ給フ、第三之宮ヲ空因親王ト奉申、万寿寺之僧孤海和尚之弟子ト成金蔵主ト申タテマツリ、小倉院ハ

嵯峨ヨリ和州吉野之奥川上ニ住給フ、則川上ニテ崩御、
御廟所東川村ニ有、住吉大明神ト奉崇、

六

天基親王

小倉院第一之宮、父君川上ニテ崩御之後南朝ヲ取タテント嘉吉三亥年二之宮円満院ト心ヲ合セ、八庄司公文諸共同年九月廿三日ノ夜北帝エ忍ヒ入、三種神器ヲウハイ取落給ヒ、此時天基親王ハ山門ニテ討死シタモフ、

円満院

小倉ノ院第二之宮、天基親王山門ニテ討死之後文安元甲子年神器ヲ持南方ニ来給イ、八庄司公文ヲ頼給ヒ、川上之奥ニ隠レ給フ、三種之神器此所ニ有、故ニ此処ヲ三之公ト申也、円満院ハ紀州之軍勢ヲ招ンタメ紀州ニ趣(赴)、敵ニ出合紀州ニ於テ討レ給フ、

空固(因)親王

万寿寺ニテ還俗ノ宮、嘉吉之騒動ヨリ江州甲賀郡エ落給ヒ、民家之婦ヲ妻ト成住タモフ、然ニ若宮一人誕生有、一之宮ヲ自天親王、二之宮ヲ忠義親王ト申タテマツル、

円満院紀州ニテ敵ノ為ニ討レタモフヨリ空固之君二人ノ若宮諸共密ニ川上エ隠レ給イ、三之公ニ御座有、此所ニテ崩御、則此山ニ御廟所有、

自天親王

空固一ノ宮、父君三之公ニテ崩御之後八庄司、公文、加藤、伊藤ノ郷侍申合、同郷北山小瀬村竜泉寺ニシノハセ三種之神宝此処ニ奉守、自天親王此所ニテ御詠歌ニ、

遁れ来て身を奥山の柴の戸に
月むこゝろをあわせてぞすむ

于時赤松円心四代ニ当り左京之大夫満祐と云もの、嘉吉元酉年謀叛をおこし足利六代之将軍義教公を奉討播州え引籠ル、時之官領(管)細川持国、細川持之両人の下知として山名持豊播州へ来り赤松を責る、然ルニ赤松負満祐已下討死ス、赤松か弟同苗伊予之守義雅の子に治郎三郎法師丸とて幼少之男子有、郎等(党)石見太郎左衛門尉雅助と云もの浪人となり居たり、赤松の家滅亡をふかく歎き三条内大臣量公をたのミ赤松南方へ趣き

自天親王を奉殺、三種之神器再ひ北朝江可奉由申、依之実量公奏問をとけ武家へ達し、将軍家より被仰出候者、神宝無恙取返し北朝へ奉らは満祐が罪をゆるし赤松か家取建遣べく由被仰、依之石見大ニ悦び、長禄元丁丑歳霜月郎等間嶋次郎政則、中村五郎祐直両人吉野領北山竜泉寺ニ来り透間を窺ひ、同年丑十二月二日もつたひなくも自天親王を奉褰于時御寿十八歳、間嶋、中村は神宝持北山小瀬村より帰る、翌三日之夜川上伯母谷村にて一宿す、其夜大雪積り歩行難成、右両人此所ニ逗留す、然ルに庄司急き使ヲ以川上村々加藤、伊藤之者共へ造(告)テ曰く、先達而自転親王北山へ隠、竜泉寺ニ御座有所、今度赤松か郎党間嶋、中村と云もの北山へしのひ入親王を奉褰、手勢漸く十人余りにて神器、御首を持北朝ニ帰る、是迄南朝したかひ今赤松かけいりやくに御命を失ひたまふ事口惜き次第也、其上御首を北朝エ渡さん事残念也、急き村々え銘々しほ谷むかひに集り両人之もの共を討取、御首を取返し可奉と村々に造之、去ルに依而村々の郷侍我先と寄集り、谷のかげ山の間に隠れ居る、間嶋、中村は斯とも知らず此所を通り掛しを、爰の山かしこの谷合より大勢切て出相たゝかふ処ニ、味方ニ大西助五郎と云もの強弓を持て彼中村を一矢に討落す、其ひまに間嶋ハ切抜け、神宝を持京都ニ帰り北朝ニ奉る、自天親王之御首ハ川上之内神(之)野谷村大峯山奥院金剛寺境内ニ葬り、南帝之宮と奉崇、毎年二月五日御朝拝と申、川上村之年寄共出仕いたし、亦十一月二日御幣御酒御供物等備へ、則金剛寺南帝宮へ出仕致ス、

御位牌ハ川上村々寺ニ建之、

御法名

南帝一之宮自天院勝公

御弟宮忠義親王空固之二之宮、自天親王討れ給ひしより、北山之難を遁れ給ひ、川上之内高原村ニ隠れ給ひ、其後高原村ニ而崩御、則御廟所有、御位牌ハ高原むら福源寺ニ有、

川上郷村々年寄共と申ハ庄司、公文、加藤、伊藤之何某なり、

抑南朝後醍醐天王（皇）より九代ニ当り、正ニ南朝之正流赤松か為に吉野之奥北山ニ而御命を失ひ給ひ、忠臣の輩何程か是を歎き、楠、新田之忠臣も消うせ天下一統足利の世と治り、草木迄も恐れをなす、去ルニても川上之郷民君之恩を不忘、敵中村を討取、御首、御鎧、大刀、長刀迄も取返ス、然ルニ今下賤にさかるという共此朝拝出仕は家之景（系）図、末代迄忠臣之何某、年々守護之輩、大切ニ可奉守者也、

長禄弐寅十一月

御鎧、長刀、大刀　六保九ヶ村
御鎧之袖　四保五ヶ村
御兜　七保九ヶ村

（後筆）

「寛永弐年迄ハ一所ニ有、是より分る、」

川上朝拝実記（井光［四保］・伊藤清作文書）

川上朝拝実記

川上朝拝実記由来

一抑朝拝之始古書と古跡等を取調ヘ実記を末世に伝ふ事

抑南朝後醍醐天皇より御累代々之御難苦を被為成たるを世人知るといへとも、元弘の始め笠城（置）山北国筋南方ニおゐて、御代々或ハ山川之戦ひ御座所之定めもなく御艱難被為在、又忠臣之もの共ハ命を軽んじ、忠義之義臣も追々国賊等のミ為に討死をなし、上ハ僧となり、臣ハ山伏となり、百十余年所々ニ艱難御困苦、一天万乗之国王たる如斯、夫れ元弘以来川上公文、庄司、郷士之銘々恐多くも、御宮之御傍近く被為召守護を命せられ、何国ニ遷幸坐しまし、片時も離れし事なし、伊藤太夫時秀を始め加藤、和田、近藤等之郷士銘々長録（禄）元丁丑十二月三之公焼討迄之大忠臣也、

朝拝実記左ニ

一享徳元(三カ)年甲申(甲戌カ)二月五日を始め、川上奥三之公仮御所ニおゐて執行ス、是を南朝帝位百ヶ年之朝賀とそ称す、

一此時三之宮御所ニおゐて御還俗、御宮奉始若宮両親王享徳二癸酉年六月十八日迄ニ追々、尚高宮ハ仮御所ニ於て御降誕被為在、此奥山ニて百十有ヶ年始終御安座之姿と覚させ給ふ事、諸国忠臣之大小名へ祝賀之事を触達したり、

一享徳三年甲申(ママ)正月廿日迄ニ諸国より天機伺候之忠臣集る事壱千百弐拾人と云へり、

右是を四列とす

東国党　勢州畠山ヲ始メ、勢州党弐百三拾人

北国党　能登、越中、加賀之党　八十六人

西国党　肥後、肥前、播州、河内之党　百五十三人

南国党　熊野郷士、那知(智)之党　弐百三十人

御座所奉守護

吉野公文庄司党　四百廿三人

集る事惣勢都合壱千百弐十弐人

一警固にハ仮御所之四方ニ列棟を上ケ、東西南北とわかれ、夜ハ篝火を以暁之如く、身者甲冑ニ而守衛ス、

一御宮ニ於て歓喜不斜、忠臣之志を御感応被遊御座、朝権興復する事疑ひなしと勅を蒙りたり、

一集兵等二月朔日撰日を以テ北之国賊退治し、軍議評定三日間評定ニ及ひ、是上追々味方を加へる事、

一伊勢より始め江州越前と第一と定め、追々進発せん事を一決せし、

一二月四日、御宮御感応まします、御賀悦せん方なし、依て式部宮をして古例を起発し、百ヶ年之朝賀大嘗会を御執行被仰出たり、

一二月五日、御仮御所之玉殿之正面ニ内侍所御宝三種之神璽御旗を粧厳する事

一五日御服装被為在、御出行に相成、古例之如く法式礼正しく奉レ行、

一同日夫より集党等各組ニ朝賀大礼と参賀す、

一朝拝之式執行臣等北面をして式礼致ス事

一式礼終を待て、忝なくも於二御宮近きに一膳部式等相済

みたるは、申之刻ニ至り夫々各組ニ分れ休待す、

一六日御暇之式を執行之上、集兵等夫々身をやつして帰国ある事

右之式例、則朝拝之始玉ふ事、忠臣之郷士此時御宮欣悦被為在たる事を思ひ出し、末世までも此朝拝を相勤務而南帝之宮ニ忠義を尽して、忘却せん事既ニ朝拝之勤務なけれハ、遂に怠たり捨る道理ならん事を存したる末世まて忠臣たる事を世に出さんと思ふ也、

一于時三之君におゐて、百ヶ年稀成る南方之諸党馳集り軍儀を尽し、朝賀の式を執り行われしにそ、足利奸者夥敷入込有りけるにそ、此趣きを北方三条実量公足利之逆臣へ内通、追々評々たれハ、是より北方ニ於て計略を企て、則長録(禄)乱起し、右門三郎等返り忠こそ残念之至りなり、

一一之宮自天皇軍議ニ寄康正乙亥年那知党音無喜太夫を始め伊勢右門三郎等弐百人を召連れ、熊野那知郷士に移り賜ふ、然ルニ此右門三郎返り忠せし為に、

一康正二丙子弐年九月、変心之者百十余名を残し、夜日に熊野川を沂り忠臣輩六七名を率し、北山郷小瀬寺へ御忍せ玉ふ、

一北山之木戸直鍋、熊野音無喜太夫、川上伊藤太郎左衛門等を始め、暫時爰にて御安座、一ト先北方ニ油断をさせる謀事そなる、

一長録弐戊寅九月、集る忠臣弐百五十人とそ云ふ也、

一同年十二月三日、三条赤松之家来成中村五郎祐直、間嶋治部政則両人を御傍近く勤臣にそ参るこそ恐敷、南方之御運之末そとなりける、

一此逆臣之為に、同年十二月二日夜討入、遂ニ御討死とハ哀れなる次第、実ニ伊藤、木戸、音無之党ハ、忠臣無二之者共者秡(抜カ)連戦ふ、此時赤松北方之軍勢五百人余り、強勇熊野地より追々討入、北山及熊野所々にて伊藤太郎左衛門兄弟、加藤久道、木戸、直鍋、音無義(喜)太夫兄弟等、南方之忠臣等諸々ニ而討死ス、

一間嶋者是ニ依テ三種之神璽を奉じて、赤松党熊野地より伊勢ニ免れ、右門三郎案内ニて無恙北朝ニ帰る、

一中村者勿体なくも一の宮御首を持たる為に、忠臣党に

さゝへられ、方角取違へ川上ニ登り、伯母ヶ峠を越ゑて三日夜伯母谷へ向ひ帰るこそ嬉しけれ、

一十二月三日将監之しらせニより、五日之朝より戦となり、川上之内ニも北方之廻し者五十三人入込ありたる事にて、所々戦ひ、其日之七ツ時ニ塩谷ニ向いにて、大西助五郎強の弓に的りて中村を討取、御首を取かへしてこそ有かたけれ、此時助五郎討たる矢之外ニ、三筋討込あれ共、矢ニ印なきを以て名前不知、此日賊党を恐れ、直ニ神谷之金剛寺之山中ニ埋め奉り、

一爰ニ又足利家之廻し者、赤松家浪人川上郷へ入込居る事をしらす、然るに又川上筋目之他、人足に組して返り忠になせし事

一十二月七日、入之波奥三之公仮御所へ忍ひ入、夜半を見斗四方より火を放火して、焼討ニ逢ひ玉ふこそう（マヽ）たけれ、甚無念ニ言ん方なき御討死多く、残党之者雪氷を凌ぎ難くも、嶮岨岩間ニ落入り、散々に親を見捨子を殺し、落行こそ歎わしく、聞くに涙之渕となる、末世も残す焼桜、残るハ谷川之水より外ニ知るへなき身之御末こそ運のつき成りニける、

一毎年熊野川上ニ於て、仏供養を奉るハ此伝記に伝ふもの也、

一長録弐年廿年文明八丙申年、熊野、川上、北山寄集り、南朝御代々忠臣者志を奉報事と量りしに、三の公に於て朝賀之節、御宮御喜悦給ふこそ、是れより安き報志なしとて、朝拝式を三之公ニ於て被為遊たる如く、御座川辺りにて式礼を執行する事、朝拝之始めなり、

南朝伝来御武器代々之品

正面南面ニ錺り付、

二月五日を以て拝賀之式する事

則文明八年丙申年二月五日也、

同年同月六日、熊野、北山、川上郷士年寄等涙之袖を分ちて参会する事、于今ハ強て逢事之なきニあり、

正保弐年乙酉三月　那智党

音無喜左衛門

所持伝記也、

一此年より年取締致し、御朝拝を相勤務不捨様誠ニ恐多

候、
一先年三の公北山之乱之時、他国他郷より川上、北山へ入込住居致したる者之為に南朝の滅亡したる事ハ末世に於て不忠とすれハ、此朝拝へハ他国他郷より来り住居すも聞て参拝ハ致させ間敷事
一忠臣之末苗節目を正しく致し、是を朝拝出仕之人と号、申付る事
一不忠不臣ハ追々末世ニ至り、他国他郷他村より川上へ来り住居する者ある時ハ、朝拝之時ニ警固申付門番を致す間敷事
一右取締を不聞入、不正之者共有る時者、党中筋目之者共惣寄評定ノ上、川上之土地を避すへく、又ハ諸付合
一末世之至り、郷士筋目之者心得違を以て無筋之者共と縁組、或者親類之付合致し申間敷者勿論、申合せ等をなす者、無筋同様諸付合致し、遠慮を申付る事
一依而毎年朝拝之節ハ、各村之筋目日記録ニ誌し、相互ニ可致事、

南帝由来記（高原区有文書〔七保〕）

南帝由来記

第七大区六小区

よし野郡

高原村

南朝第一

後醍醐天王

延元元丙子年吉野山ニ御臨幸、暦応元戊寅(ママ)八月十六日崩御御寿五十一歳、吉野山如意輪寺後山ニ奉葬、

爰にても雲井のさくら咲にけり

唯仮初の宿とおもへば

第二

後村上院

後醍醐帝第七之宮諱義良親王ト申奉ル、南朝ノ興国元寅年御即位、正平弐十三戌(戊)申三月二十一日河州観心寺ニ於テ崩御、

暦応二巳(己)卯年御即位ナリ、

称後村上帝ト 南朝二代目、 南朝興国元年ト改、同八月北朝貞和二丙戌年南朝之正平元年ト改、此時尊氏法勝寺慈鎮上人ヲ以テ南方和睦ヲ乞、

南帝聞召入サセス、尊氏亦二階堂三河入道赤松家エ此事ヲ説、依而赤松則祐南方エ及奏聞、南帝御許容マシマス、則御輪(綸)旨二通渡ス、一通ハ北朝之年号ヲ廃シ南朝之年号ヲ用ユ、則正平六年トナル、北朝之釼金内侍所南朝エ渡ル、

南帝御製 四の海波母おさまるしるしにて

三ツの宝を身にそ伝ふる

北帝崇光院奉 太上天皇尊号を号ス、院ノ御所ト期、後蔵人権佐光資郷(卿)勅使トシテ両上皇 光厳院 光明院 新院、崇光院、春宮直仁南山加(賀)名生エ遷奉ル、

第三

長慶院

後村上帝皇子正平二十三年御即位同年一旦南北和睦アリ、同二十五年北朝之応安三庚戌年南朝之建徳元年ト改、同三年北朝応安五壬子年南朝文中元年ト改、亦御即位弟熈成王是ナリ、譲御位ヲ諸国行脚マシマス也、紀州高野山ニテ崩御

第四

後亀山院

後村上帝第二之皇子即位凞成王是ナリ、文中四年北朝永和(徳カ)元乙卯年南朝之天授元年ト改、同七年北朝永和元辛酉年南朝弘和元年ト改、同四年北朝至徳元甲子年南朝元中元年ト改、九月北朝明徳三壬申閏十月二日南北両朝和平、大内義弘奉調、

南帝北朝ニ入御坐ス、太上天皇尊号ヲ遣リテ後亀山之院ト号ス、應永三十一年甲辰年四月十二日洛西嵯峨ニテ崩御、延元二(年欠カ)後醍醐帝吉野エ行幸、明徳三年ニ至テ五十六年之間南朝ト号スルナリ、其後天下混一北朝之帝相続シ給フ、

第五

小倉院

後村上院第一之宮諱実仁親王ト奉申、御父君崩御之後南朝之世ニナサント伊勢之国司ヲ頼ミ八庄公文之輩同心シテ戦ヒシニ時不至降参被遊、其後嵯峨ニ住タマヒ、若宮三人有之、一ノ宮ヲ天基親王二ノ宮ヲ円満院ト奉申、勧修寺之弟子トナリ給ヒテ第三之宮ヲ空固親王ト奉申、万寿寺僧孤海和尚之弟子トナリ金蔵(主カ)王ト奉申、小倉院ハ嵯峨ヨリ和州吉野之奥川上ニ住タマヒ、則川上ニテ崩御御陵所東川村ニアリ、住吉明神ト奉崇、

第六

天基親王

小倉院第一ノ宮、父君川上ニ而崩御之後南朝ヲ取建ントト嘉吉三亥年二ノ宮円満院ト御心ヲ合セ、八庄司公文諸共

同年九月二十三日夜、北帝エ忍ヒ入三種之神器ヲ奪ヒ急キ落給ヒ、此時天基親王ハ山門ニ而討死シ給フ、

第七

円満院

小倉院第二之宮、天基親王山門ニ而討死之後、文安元甲子年神器ヲ持南方ニ来リ給ヒ、八庄司公文ヲ頼ミ川上之奥ニ隠レタマヒ、三種之神器此所ニアリ、故ニ此所ヲ三之公ト申ナリ、円満院ハ紀州ノ軍勢ヲ招カント紀州ニ趣敵ノ所ニ討死シタマヒ、

第八

空院(因)親王

空固ト号ス、後ニ金蔵寺(主カ)ト奉申還俗之宮ナリ、嘉吉之発動ヨリ江州甲賀郡ニ落給ヒ、民家之娘ヲ妾トシ若宮二人アリ 一ノ宮自天親王 二ノ宮忠義親王 ト奉申、円満院紀州ニ而敵之為ニ討死シタマヒシヨリ、若宮諸共密ニ吉野川上ニ隠レ給ヒ、三ノ公ニ御坐アリ、此山ニテ崩御、

第九

自天親王

空院親王之一之宮ナリ、父君三之公ニ而崩御之後八庄司公文加藤、伊藤之輩奉守護シ、北山郷小瀬村龍泉寺ニ而シノバセ給ヒ、三種之神器此所ニ奉守護シ、自天親王御製、

遁れ来て身を奥山の柴の戸に
月むこゝろを合せてそすむ

于時赤松円心四代ニ当リ、左京之太夫満祐トいふもの嘉吉之酉之年謀逆ヲ企、足利六代之将軍義教ヲ奉討播州江引籠、時之官(管)領畠山持国、細川持之ノ両人之下知トして山名持豊播州へ来り、赤松ト戦争ニ及ひ、終ニ赤松討負満祐以下討死ス、赤松カ弟同苗伊豫之守義雅カ嫡子小次郎三郎法師丸トテ幼少之男子アリ、郎等石見太郎左衛門尉雅助トいふもの浪人トナリケルカ、赤松カ家滅亡ヲ深ク歎キ、三条内大臣実量公ヲ頼ミ、赤松南方へ趣、自天親王ヲ奉討三種之神器奪ひ取、北朝江可奉納旨申建、依

之実量公奏聞ヲ民家江達し将軍家ヨリ被仰出候得者、神宝無恙取返し北朝江奉ラバ満祐カ罪ヲ許シカ家取建遣スベシト被仰渡、依之石見大ニヨロコビ長録(禄)元丁丑年霜月郎等間嶋次郎政則、中村五郎祐直之両人密ニ吉野郡北山ニ来り、長録元丑年十二月二日自天親王ヲ奉討、御寿十八歳ナリ、間嶋、中村ハ神宝奪ヒ取、北山郷小瀬ヲ発足翌三日之夜川上郷伯母谷ニ而一泊ス、其夜大雪降積り歩行難相成故、右之両人其所ニ而逗留ス、然ルニ庄司比旨急使ヲ以川上郷村々加藤、伊藤之もの共へ触告テ曰、北山ニまします自天親王今度赤松カ郎等間嶋、中村之為討取ラレ、手勢斬十余人ニテ神宝御首ヲ持北朝江奉ルヘシ、是迄南朝ニ随ひ今赤松カ反叛ニテ御命ヲ失い給いロ惜キ次第なり、其上御首ヲ北朝江渡さん事残念なり、急キ村々之もの奔集り御首ヲ取返し度旨村々江告之、依之我一ト寄集り谷之間山影等ニ忍び居る間嶋、中村ハ斯ともしらず通行する、然ルニ爰彼より大勢切テ出相戦フ所、味方ニ大西助五郎ト云もの強弓ヲ携中村ヲ一矢ニ射殺ス、其障ニ間嶋ハ切ヌケ神宝ヲ持京都へ帰リテ北朝ニ奉ル、自天親王之御首ハ川上郷之内神之谷村大峰山奥之院金剛寺之境内ニ葬リ、南帝宮ト奉崇、毎年二月五日朝拝ト申川上郷村々老人出仕致シ、猶又十一月二日御幣御酒御供物等奉備、金剛寺南帝宮御陵江参詣致ス、

南帝王一之宮自天院勝公

御弟宮忠義親王空院之二之宮自天親王討れ給いてより、川上郷高原村ニて崩御、御領所高原村ニあり、

抑南朝後醍醐天皇より九代ニ当り、正ニ南朝之正流赤松カ為ニ北山ニ而御命を失い、忠臣之輩如何程カ是を歎キ、楠、新田之忠臣も消亡、天下一般足利之世ト治ル、然ルト雖川上之郷民君御恩ヲ忘却セス、敵中村ヲ討取、御首、御鎧、太刀、長刀ヲ取返ス、今下賤ニ下ル、此朝拝出仕ハ家之系図末代迄モ忠臣之銘々大切ニ可奉守もの也、

吉続記（『史料大成』所収）

（正安三年十一月）

廿五日、參院候御前、關東狀幷事書二通、御讓位事雜訴可爲聖斷事、可一見之由被仰下之、御讓位事書ニハ、先々依被下御使被申子細、恐悚不少、兩御流踐祚不可依違、遲速可在叡慮、雜訴已下事、一向可爲聖斷、募武威之輩、不可被用云々、

關東狀云、以行藤法師令言上、可令申入萬里小路殿給之由候也、

關白令參給、關東申之趣珍重之由被申、立坊之上者、御治世不可有程之由、富小路殿祗候人等稱之、令如之申入、爲政道天下之大慶也、公私之慶也、今度下向之時、委申被之所致歟、

兩御流踐祚不可依違事、此段先度下向之時、國不可有二主、後嵯峨院御素意分明之由申了、此段猶可被仰遺事也、委旨不能記盡、

實躬卿記（『大日本古記録』所収）

（正安四年二月）

廿三日、戊子、陰晴不定、時々細雨降、巳刻著布衣生薄物、白襖、參富小路殿、午刻出御、（伏見上皇・後伏見上皇）幸龜山殿、御共人々、洞院中納言（藤原）實明、花文紗白襖狩衣、・予・右中將實任朝臣檜皮白裏、・左中將基藤朝臣浮線綾白襖、・左兵衞佐資名白櫻、萌木衣、北面、伊經・（藤原）秀長・（藤原）藤季信・（藤原）同信秀・平宗久等也、兩院（伏見・後伏見）御同車、寄御車寄弘御所上御妻戶、東面、（後宇多）院今朝未明御幸、（後深草）法皇自六條殿臨幸、御輿、上北面仲良一人候御共云々、已著御云々、卽可有御鞠、露拂忩可始之由、有沙汰、予應御點、今度以外被淸撰、予列人數、是更非當道堪能、近被召仕之故歟、仍結足可祗候之由、思給之間、於便所、著沓・韈、無文藍革、結緒、難波流如此、持夏扇、進候鞠庭、

卽有露拂、院(後宇多)出御、御烏帽子直衣、藤圓織物御奴袴、卽被
被著御韈御、紫革、有縫物、文菊、
召教定朝臣被召御沓、令立入便所御、次院(伏見)出御、富小路殿、御烏帽子直衣、藤圓
織物御奴袴、
無文紫革御韈、於便所、兼被召御沓、爲雄卿獻之、自庭上
有出御、次法皇(龜山)同出御、綾御袈裟、同御奴袴、無文紫革御韈兼被召御沓、爲雄卿獻之、次新院(後伏見)
出御、櫻萠木御鴈衣、款冬御衣紫御奴袴、紫革御韈、有縫物文菊、兼被召御沓、爲雄卿獻之、東面落板
敷、御方〻御座大文高麗、四枚敷之中上有御座、(龜山)南第二
法皇(後深草)有御座、南端新院(後伏見)御座、北第二院(後宇多)御座、北端中(伏見)
院御座、新院(後伏見)御方御鞠事、一向可被申合法皇(龜山)之由、先日
有御契約之間、爲御弟子之儀、且今日御作法可被諷諌申
云〻、仍殊被置御座歟、法皇(龜山)出御之間、院(伏見・後伏見)・新院有御禮、
可謂希代之儀者也、三上皇(後宇多・伏見・後伏見)次第令立御、次被召立人〻之後、
法皇(龜山)令進立給、方角・御立所等載左、抑法皇(後深草)・中院(伏見)
當時兒女子如此號申、雖不可然、頗令混御之間、付中字、尚不可然歟、
左御手ニ令持御扇御、

新院(後伏見)寄サマニ令挿御扇給、是法皇御諷諌也、笏差、爲雄卿跪木下
差扇、笏差、爲覺同跪木下差扇、ヤナクヒサシ、宗緒上鞠二
足之後、法皇令請取御上八人、近日常有此號、仍如此注之、尚不可然歟、之
後、第一殿大納言、第二花山院中納言、第三經久、被召
立之、此後予・五辻前宰相・高三位等被召立之、
御所〻〻御立之時、初度立樣、

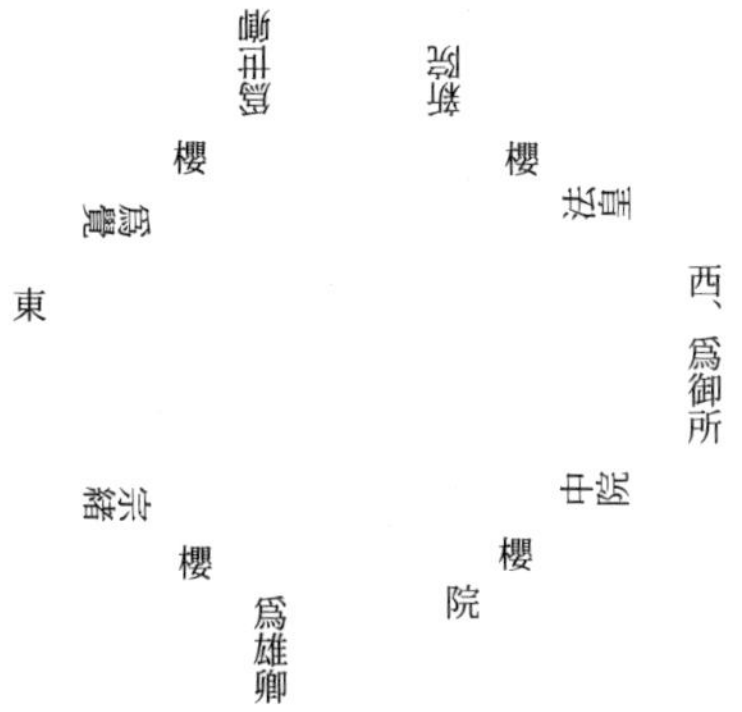

参仕人々

前藤大納言　爲世、直衣、無文熏革韈、　殿大納言　道平、直衣紫革韈有縫物、

花山院中納言　家雅　薄赤帷、錦革韈、差扇、狩衣、ヤナクヒサシ、

二條前宰相　爲雄、花田白裏鴈衣、差扇、無文熏革韈、　實躬　白襖鴈衣、

五辻前宰相　俊雅、圓薄、　高三位　重經奉行、　檜皮白裏、

爲覺　帷、紫革韈、差扇、　忠氏丶丶　柳鴈衣、

泰繼丶丶　檜皮白裏、白單衣、帷、　長親丶丶　圓　雁衣、

爲守朝臣　圓花田、烏帽子、赤帷錦革韈、後サヤヲ入、　泰忠　萌木雁衣、

宗緒　柳鴈衣、錦革韈、蘇芳　紅單衣、

賀茂神主、經久　練貫白襖、帷、夏帶、丁子染差扇、笏差、跪中門内差了、

鴨社司、祐顯　花田白裏、帷、　經久子、忠久　柳、差扇、夏帶、寄サマ、

同、基久　白櫻、差扇、赤帷、跪木下差之、夏帶、　鴨社司、祐言　圓花田、

賀茂氏人、信久(賀茂)　白張布、夏帶、藍褶帷、

春慶丸　香水干上下、有縫物、　嚴王丸　柳水干上下、有縫物、　各祐顯子

王丸　柳水干、紫末濃袴、有縫物、經久子、

重經卿申數、三百、一度揚了、抑御随身秦久重　萌木鴈衣、紫御綾衣、

持參御鞠、付柳枝、二付之、　重經卿取之、進寄巽木下解之、上ニ付御鞠

解了、紙々　枝　今一御鞠有之、　寄立巽木、取御鞠、進懸中、突左

捻入懐中、

膝置之退入、取枝進御所、自御座南、　寄懸御縁退出、後聞、

此作法大畧御諷諫　法皇(龜山)云々、且又示合宗緒歟、上鞠作法

幷　法皇令請取御間事、今朝兼内々被仰談云々、關白被

候見所、稱加灸治、不被立、

御鞠了御方々渡御棧敷殿、有盃酌御會、頗及亂醉、院(後宇多)御笛、

(伏見)(後伏見)中院・新院御琵琶、法皇(後深草)御朗詠、院(後宇多)御助音、　殊勝之儀也、

依召候御前人々、

帥　爲方、・洞院中納言　實明、・花山院中納言　家雅、・前藤

中納言俊光、・高二位入道經意、・前民部卿兼行、・二條前宰相爲雄、・予・五辻前宰相俊雅、・高三位重經、・左兵衞督宗氏、等也、事了還御之次、有御引出物、法皇(後深草)御方、御牛、中院、御馬、御牛、新院、同又被進御劍、御鞠事今日始被諷諫申之間、故被進之由、被申之、及深更還御、凡今日儀、於事珎重、希代未曾有事等也、

○前缺ク、可被申其由歟、禁裏龍樓日來御確執之立坊御抑留之條、無疑□歟、次第、世上人口不可然之處、御愁歎無他事之由被申之條、雖被察申、依此事難被申御返事之條、還非無御不定、若有御所存乎、如謳歌之說者、以中務卿宮(尊良親王)可有立太子由有沙汰云々、爭奉背舊院(伏見天皇)文保之先〇并關東定申間言、可被申立競望之濫吹哉、且正安立坊沙汰之時、(後脫カ)深草・龜山兩院御正嫡之外、不可有御餘流之條、最勝園寺(北條貞時)禪門素意分明之上、文保以後如度々被申者、兩御流共爲繼躰之主、皇統不可斷絶云々、而去々年如被申此御方(後伏見上皇)者、未來繼躰者春宮(邦良親王)御事也、禁裏(後醍醐天皇)者可爲一代御事云々、被定申之趣、後深草院御流可爲繼躰之正流歟、任堀川・後白河・後鳥羽・

後嵯峨等之佳例、、、(量仁)親王直有踐祚之條、當御代爭可被
支申哉、兼又式部卿宮(恒明親王カ)可有立太子之由、被申禁裏之
由有其聞、爲龜山院御末流御競望之條、頗可謂沙汰外事
歟、縱雖達遠聞、定不可有許容乎、後二条院第二御子
帥宮(邦省親王)又以可被望申云々、前坊(邦良親王)終以無膺圖、爲彼御弟、
豈可令叶銀牓之器給哉、後二条院御流令背天照太神・正
八幡宮冥鑒給之條顯然之上者、尤可被斷御悕望歟、所詮
、、(量仁)親王踐祚猶可遲々者、立坊事急速先可被計申者也、

伏見宮御文章(恒明親王立坊事書案)

(宮内庁書陵部所蔵)

(端裏書)
「不知之
事書案　(平)經親卿書之、德治二年」
東宮(富仁親王)踐祚事、於今者尤可有其沙汰歟、正安新院(後伏見上皇)御脱
屣之次第、就境觸事、猶難被散御愁鬱、纔雖被行冠禮、
如敍位除目、未及御前之儀、宇佐宮勅使雖進發、不被
參宮之期、忽以轉變、凡代始有限之公事等、大略未被
遂行之處、楚忽之沙汰、今更被述子細者、再似被表御
恥辱歟、猥依一方之御競望、輙及其沙汰者、向後之濫吹、
更不可有盡期之間、只任天運、偏以穩便之儀、于今未被
出御一言之處、近曾天變地妖連綿而無絶、世上更不靜謐、
兩法皇(後深草・龜山)相續崩御、男女貴種、大臣公卿等多歸泉、
先規定稀歟、災殃之甚、何過之哉、政道若有不叶天意

之故歟、就之彼廻(被カ)攘災之計略者、尤可在斯時乎、新院御在位纔三个年、雖無指御科、忽以推讓、當今(後二條天皇)登極以後已七个年、更不可謂早速、況於比正安之儀哉、抑後深草院・龜山院兩方御流不可有斷絶之由、關東先々被申了、此條於後嵯峨叡慮、重々有子細、度々被申關東了、定有御存知歟、蹔先就龜山院御素意、可立一方之御流之處、御存日之間、萬里小路殿(後宇多上皇)偏御向背孝道被缺了、此條世以謳歌、都鄙所知也、倩案事情、事莫大於不孝、明王以孝治天下、古典之所載也、而御不孝之至、御遺跡事、遂不及御委附、被申置昭訓門院(藤原瑛子)了、依之今方及御訴訟之上者、云御在生、云御沒後、併被毀破御素意之條、旁以露顯了、且親王(恒明)立坊事、被申置萬里小路殿幷此御方(伏見上皇)、被整置兩方御承諾之御返事、以之可被仰關東之由、被進置慇懃之御書於親王云々、凡御所幷御文書以下、始終可爲親王御管領之由被仰置歟、然者以親王可爲御正嫡之條御素意之趣、旁以分明歟、此上者萬里小路殿難被奉用一方之御正流乎、於親王御事者、法皇(龜山)御存日偏可被扶持申之由、慇懃被申置之間、當時卽不被奉見放者也、就之彼御生涯之安否、自昭訓門院重々有被歎申之旨、且直雖被仰遣關東、于今無被計申旨之間、已被失御安堵之謀云々、凡不依尊卑、皆以父母之讓、爲規模之處、今被破分明之御素意者、向後傍例可爲何様哉、所詮如先々沙汰、兩御流共不可有斷絶之儀者、一方可在彼親王歟、但雖爲法皇御素意、親王若難被備御正嫡者、龜山院御流爰可斷絶歟、然者就根源、尋後嵯峨院御素意、可歸正統長嫡之御一流乎、文永法皇(後嵯峨)崩御之刻、於御素意者雖爲分明、只以髣髴之御自稱、龜山院被食天下事了、今龜山院崩御之時、被破顯然之御素意、上皇(後宇多)每事御管領之條、彼是似有用捨、且御存日被申置之趣、崩御以後有相違事者、可爲御不孝之由被載御遺書云々、不孝之君、爭可被食天下事哉、凡尋後嵯峨院御素意者、無可被分兩流之所見、守龜山院之御遺勅者、親王可爲繼嗣之正嫡、云彼云是、當時之儀、不叶其理乎、抑勘兩方御治天之年紀、龜山院前後廿三年、自文永九年至弘安十年、自正安三年至當時、於後深草院御流者、纔十四年、自弘安十年至正安三年、兩御流雖相竝、尤可有嫡庶之差別、況於爲玄隔之年紀哉、就中正安率(マゝ)爾之推讓、于今未被慰御愁吟、此上任道理、早速被計申者、早叶天意、且可爲攘災之最哉、

花園院宸記（宮内庁書陵部所蔵）

（元亨元年十月）

十三日、癸丑、晴、俊光卿參、今日向北山第云ゝ、御事書令見入道相國(西園寺實兼)之處、無所存云ゝ、一兩事令申事等有之、然而非強事歟、今日文保御和談之時御沙汰依違事、幷入道相國申旨、不可然事等委細令申之處、一ゝ尤可然之申有仰、既往不諫、雖守格言、爲向後、殊不殘胸中之一事、頗以遲一決歟、

(裏書)
「此事重事之中重事也、記而無益、然而一ゝ覺悟、尤可爲後日要須之間粗記之、凡文保元年親鑒(中原)爲使節上洛、兩御流皇統不可斷絶之上者、有御和談、可被止使節往返云ゝ、依之當時可有讓國歟、將又不差時分歟之由、有御尋之處、非當時之由親鑒申之、入道相國以自筆書進了、就之御問答于大覺寺殿(後宇多法皇)之處、條ゝ非和談義[儀、下同ジ]之間、自此御方者、御和談無子細之間、被申大覺寺殿之處、如此御問答、已有御和談之義歟、此上可爲何樣乎之由、被仰使者之處、又進事書云、春(尊治親王)宮踐祚後、ゝ条院一宮(邦良親王)可有立坊、其後新院(後伏見上皇)一宮(量仁親王)可有立坊云ゝ、此事諸人不審、内ゝ以禎覺被尋親鑒之處、所詮御和談不事行之間、春宮今禁裏也(後醍醐天皇)、踐祚以無其期、仍爲慰法皇(後宇多)御意、申未來立坊事云ゝ、此事無文書、以不足支證、然而事義又不背歟、此後ゝ關東無申旨之間、讓國事不沙汰而止了、而先院(伏見天皇)崩

御以降、文保二年正月自法皇被申讓國事、入道相國申云、先度已關東令申了、兩度猶不沙汰之条、定可背東風歟云〻、仍讓國事、量仁親王立坊不可有相違者、可有御承諾之由、欲被申之處、入道相國云、立坊次第已關東定申了、不可被亂云〻、此事太不可然、無御和談之間所申入也、於今者有御和談之上者、不可似以前之儀歟、何况今一度被仰合關東之條、豈非正理乎、而猶強申此義之間、立坊事關東定申之上者、雖何事和談一途可承存云〻、此問答已以相違事理之間、今被仰關東之趣令相違也、此事入道相國僻案歟、親鑒所存至極問答定存知歟、而今及僻案尤不智也、無智者豈爲國家之輔佐乎、若存不忠者又沙汰外也、二途共不足爲國家之輔佐之器、如何〻〻」

後伏見上皇事書案（御事書幷日安案）

（宮内庁書陵部所蔵）

春宮踐祚事、去年(嘉吉二年)資明(日野)參向之時、委細被申畢、如彼御返事者、自禁裏(後醍醐天皇)直可被申談之由、被仰下之間、可被申　禁裏云〻、仍去春以關白(二條道平)被申彼御方之處、御返事如此之上、可爲如何樣乎、如今度勅答者、都鄙之御沙汰、尤令參差、於今者無處御問答、關東不被計申者、讓國更不可有其期之条、顯然也、凡當御流　皇統不可斷絶之由、被定申之上者、不可有用捨、次彼御流、有何子細、被任治天於　叡慮、當御流、有何科怠、被抑理運之御先途乎、當代併被興行承久以往之古事之間、擧世稱聖代歟、然而近年風塵易動、干戈不戢、都鄙之物忩、寺社之魔滅、連綿而不斷絶、何必稱堯舜無爲之世哉、於此御方者、後深草院以來末代之風儀、堅被守株之間、文保讓國事、偏依關東之形勢、及其沙汰畢、加之、後宇多院御契約分明之處、忽令忘彼芳恩給、背　先院御約諾、被抑留理運之踐祚之条理、豈可謂于君子之道乎、龍樓(量仁親王)今年十六歳、未被成通天之冠禮、御沈淪之至、先規頗稀、御一流之滅亡、關東爭不被哀憐申哉、且　當代在位十一ヶ廻、於今者強不可有御執心、但猶脱屣之遲速、可被任禁裏之叡慮歟、將又讓國時分未至之間、關東不被計申歟、就兩樣、分明爲被聞食定、重所被差進御使也、徒雖疲持節之往還、未被申一篇之左右之間、頻被惱　叡襟之条、尤可被察申歟、任道理被計申者、天照太神・正八幡宮・日月星宿・堅牢地神盍垂玄應、所詮、随今度御返事、向後御進退可被思食定之間、不申被御所存者、無左右不可歸參之由、被仰含資明(日野)者也、

禁裏御返事、關白(二條道平)被書進之、嘉暦三年二月十七日、

重事間事、　勅答先度被申畢、

嘉厂(マヽ)三年十月廿一日伊賀入道善久内々申請之間、書遣之、其外方々同書遣了、

春宮践祚事　条々簡要

一　文保御和談事、後宇多院御契約及數答之御事書等、載而分明也、而今背御約諾、御抑留理運之踐祚之条、御不義之至歟、一方已御違變之上者、關東被計申之条、尤可叶道理矣、

一　同御和談事、叡慮強雖不庶幾、關東任被申之旨、所有讓國也、其故者、御和談不落居之儀治定者、未來立坊事、可進此御事書之由、兼被仰含之旨、使節令申之間、依被驚思食、閣是非、新内裏遷幸之後、卽被申談畢、於此御方者、只依被重關東之形勢、任時議所被避進也、但爲後證、以御契約御事書等、被申談關東畢、而彼御方御抑留之時、被計申之条、何可有豫儀哉、

一　去文保元年關東以使節如被申者、踐祚・立坊事、自大覺寺殿被仰下之趣、雖非無子細、共爲繼體之主、皇統不可斷絶、可有御和談云々、被文保元年者、新院在位十廻之歳也、當今在位今年十一ヶ廻、讓國時分已過文

保被計申之年紀、何可有用捨哉、何況、德治　後二條院御事出來之間、新院踐祚者、天之所授也、對關東不可有被立申之理、然者、大覺寺殿所被申者、只踐祚遲引無御心元之分許歟、是猶文保以專使被計申御和談一途畢、今度此御方所被申者、文保關東被計申之上、後宇多院有慇懃之御契約之間、被避申治世・踐祚・立坊三ヶ重事之處、依有一方御拘惜、御沈淪之時、關東爭不被綺申哉、

一　禁裏去年　綸旨、春宮去年去嘉暦元年　立坊不可謂遲引之趣被申歟、此条、如去文保御契約者、春宮于時親王　踐祚不無心本之樣、可被計申旨、自他被盡御詞畢、其上立坊已後卽位例、或一兩年或兩三年、若立坊同日踐祚又直踐祚、共以多先規、何可依在坊之年紀哉、只就文保御契約之文章、可有時分到否之沙汰哉、且此条舊冬委細令申畢、凡　當今・前坊(邦良親王)依有御不和之子細、前坊踐祚遲ゝ之間、此御方立坊又令遲引畢、依被不慮之儀、難被改文保御和談之旨趣哉、

一　春宮(量仁親王)御元服御年齡事

今年十六歲御晩達之至、更無先規、醍醐天皇以來、十五歲已前皆所有御元服也、後嵯峨院御事者、不足爲例、依踐祚遲引、未及冠礼之御沙汰、天齡已過成人給、旁被歎思食之次第、關東尤可被察申之、春宮御元服者可啓　內裏之間、爲難義之子細、先ゝ被申畢、踐祚無其期者、御進退可如何樣乎、

一　當代何因偏可被任　叡慮哉事、

承久以後關東代天、被計申重事之条、綍起自冥慮、已爲公私之佳例、至于末代被改此儀者、不可叶天意、殆似被輕武威歟、而頻被稱聖賢之譽間、被恐申之由有其聞、但聖人非可背信之上者、文保御和談、何有違變哉、次冥慮可有其恐之条、古典之所載、人倫之所愼也、然而向不言之蒼天、非可被閣理致之上者、任道理、被計申之条、定可叶天命矣、

一　可被任冥慮者、此御方者遠　神武天皇、近　後深草院以降、爲皇統之嫡嗣、兩上皇久ト姑射之洞、春宮又爲紹運之儲君、共在長生殿、至彼御方者、後二條院御流已中絶、當代又可令爲一代主給之由、先年被定申畢、彼是不叶天命之条、顯然也、而被閣三ヶ所之御愁吟、偏被重　當今之御執心之条、何是何非、冥慮頗難測者歟、

一　當代御在位已十一ヶ年也、此上可被任　叡慮者、謙譲之期可爲何時哉、文保御和談已後就立坊・踐祚事、自此御方雖有被申之旨、每度不及一途被申談、剰被處聊尒輕忽之間、向後有何面可被申彼御方哉、今度不計申者、御一流滅亡之期出來歟之間、殊可被添御愁歎也、皇統不可斷絶之由、度〻被申之上者、就理途、急速可有其沙汰矣、

一　元亨以來都鄙之物忩、寺社之魔滅、連綿而不斷絶、強難被稱聖代歟、於此御方者、偏被重關東貴命之故、代〻治天無爲無事也、任理運有踐祚者、君臣合體之道、都鄙靜謐之基、何事如之哉

長慶天皇綸旨（吉水神社文書）

大和国吉野郡二十講并竹原知行不可有相違者　天気如此、悉之以狀、

弘和二年十一月十二日　　　中　宮　亮（花押）

吉水兵部房

後亀山天皇綸旨（吉水神社文書）

大和国吉野郡内廿講、竹原兩村所被返付也、如元可令知行者　天気如此、悉之以狀、

元中元年十二月廿日　　　左　中　弁（花押）

吉水兵部卿房

惣郷定文（金峯神社文書）

河上參村之内廿河竹原兩庄事、吉水院坊領無子細云々、然近年不知行之処、今度河上參村上野宮与同申、爲朝敵爲寺家惣郷被責伏、降參刻可任先規請文之上者、如元吉水院可有御知行旨、惣郷衆儀如件、

應永十五年戊子十二月廿七日

惣　郷（花押）

足利義満請文案文

（陽明文庫蔵『近衛家文書』）

御合體事、連々以兼凞卿申合候之處、入眼之條、珍重候、三種神器可有歸座之上者、可爲御讓國之儀式之旨得其意候、自今以後、兩朝御流相代々御讓位令治定候畢、就中諸國々衙悉皆可爲御計候、於長講堂領者、諸國分一圓可爲持明院殿御進止候、以此等趣吉田右府禪門相共可有執奏候、御入洛之次第等、猶申合兼凞卿候、可得其意候哉、恐々謹言、

明徳三

十一月十三日　　義　満

阿野前内大臣殿

青蓮院文書（東京大学史料編纂所所蔵）

應永廿四年十二月十三日根本中堂閇籠衆議曰、

早可被申入青蓮院門跡（義圓）事

右、西天佛教者留此峯、朝廷護持者在吾山、仍三門跡者司遮那止觀之貫長、爲一山九院棟梁、於中御門室者慈覺（圓仁）

大師之正嫡、根本中堂撿挍、天下無雙之顯職、四域護持之猛將也、爰當門主者、清和天皇之貴種、一品親王(尊道)之付法、誠是相應和尚與貞觀皇帝(清和天皇)師檀之往緣相會歟之處、近年被奇[弃]置一門跡、被閣大小之行事之條、爲天下、爲山門、就眞顯無勿躰次第也、此段連々雖諫申、敢不能御承引子細何事哉、所詮此時堅可承定御安住之有無、若惣而御移住不可叶者、別而可調一途評議之旨衆議而已、

佐渡状（観世世阿弥能楽伝書）（金春家旧伝文書）

（奈良女子大学所蔵・旧宝山寺蔵）

ナヲナヲ、留守ト申、旅ト申、カタガタ御扶持申バカリナク候。御文クワシク拝見申候。兼又、此間寿椿ヲ御扶持候ツル事ヲコソ申テ候ヘバ、コレマデノ御心ザシ、当国ノ人目、実是非ナク候。御料足十貫文受ケ取リ申候。又不思議ニモ罷リ上リテ候ワバ、御目ニカカリクワシク申承候ベク候。

又、狀ニ鬼の能ノ事ウケ給候。是ハコナタノ流ニワ知ラヌ事ニテ候。仮令三体ノ外ハ砕動マデノ分ニテ候。力動ナンドワ他流ノ事ニテ候。タダ親ニテ候シ者ノ時々鬼ヲシ候シニ、音声ノ勢マデニテ候シ間、ソレヲ我等モ学ブニテ候。ソレモ身ガ出家ノ後ニコソ仕テ候ヘ。メンメンモコノ能ノ道ヲサマリ候テ、老後ニ年來ノ功ヲ以テ鬼をセサセ給候ワン事御心タルベク候。

マタコノホド申候ツル事共大概シルシテ参ラセ候。ヨクヨク御覧候べく候。

不思議ノゐ中ニテ候間、料紙ナンドダニモ候ワデ、聊爾ナルヤウニカ思シ召サレ候ラン。サリナガラ道ノ心ハ妙法諸経ノ御法ヲダニ稾フデニテモ書クト申候ヘバ、道ノ妙文ワ金紙ト思シ召サレ候ベク候。ナヲナヲ法ヲヨクヨク守セ給べく候也。

恐々謹言

六月八日

至　翁（花押）

金春大夫殿　参

〆

世阿

金春大夫殿　まいる

満済准后日記（『続群書類従』所収）

（應永廿二年二月）

廿二日、出雲路殿自伊勢御下向、伊勢國司唐橋入道城ヲ責落云々、唐橋事公方様御扶持歟、

（應永廿二年四月）

四日、七日勢州發向必定、御祈事内々可勤仕之由被仰□、御旗加持聖護院云々、

五日、御旗以飯尾美濃入道被遣一色方、先加持於本坊沙汰也、

（應永廿二年七月）

二日、伊勢前國司川上城去十七日没落由注進之、

十九日、楠木一類蜂起云々、仍畠山遣勢ヲ河内國了、

（應永廿六年十一月）

三日、青蓮院准后山務拝任云々、

（應永卅一年四月）

十二日、夜陰雷鳴、馬場末小社木へ落、雖然社以下無其煩、石田日野同時落云々、西山傍へも落云々、希代事也、大覺寺法皇崩御、雷鳴最中云々、

（正長元年五月）

廿六日、今日又被仰旨御沙汰ヲ正直ニ諸人不含愁訴様ニ有御沙汰度事也、仍如舊評定衆幷引付頭人等被定置度也、

（正長元年七月）

十一日、小倉宮御逐電、御落着在所未承定也、就治定重可申入、

十二日、小倉宮没落之様、所詮自関東依申子細、伊勢國司令同心則彼國司在所ヘ入御云々、去六日丑刻計自嵯峨小倉御出云々、就之種々巷説在之、京都大名内少々同心申輩在之由、彼宮奉行中院息号萬里少路云々、彼男父中院方ヘ遺書狀ニ具書載之云々、彼書狀於父中院（去七日）管領方ヘ持參云々、中院事去年以來父子不快義絶云々、此故歟如何、旁不足信用、不審不審、

十六日、小倉宮勢州國司在所多氣ニ御渡必定由自方々注進之由御物語在之、

十九日、小倉宮自去十日國司在所多氣ノ奥興津ト申所ニ御座云々、

（正長元年九月）

廿二日、伊勢國司北畠少將☐可被退治歟事、

（正長二年二月）

一日、佐波秋山御對治事ニ付テ、去廿六日大乘院坊人既令發向了、

（永享二年二月）

一日、次小倉宮出京事、可爲近々歟、就之御料所出來之間、可被如何候哉由、管領・畠山・赤松ニ可仰談旨承了、

（永享二年四月）

二日、一ニハ小倉宮參洛可爲近日由、頻自彼方懇望也、面々相談、早々參洛尤可宜歟之旨、先別而被仰談畠山也、召遊佐仰付了、一ニハ伊勢國司御免事、去年以來歎申入也、可爲何樣哉、且面々意見可被尋聞食歟如何、

（永享二年十月）

四日、勸修寺門跡相續仁體事、今月伺申處、小倉宮息可宜旨被仰了、

八日、勸修寺門跡相續仁體、小倉宮御息被治定、可令存知旨、以妙法院僧正奉書申遣慈尊院僧正方了、可存知由返報在之、

十三日、慈尊院僧正來。就小倉宮御息入室。條々申入旨、一室町殿御猶子可然由。自小倉宮被申入事、一入室夜可有得度歟事、一此間門主ハ［以］先門主儀、不可有師主儀事、狂心未本復故也、仍門跡中臺屋ニ可奉置歟事、一得度戒和尚仁體等事、一入室時童體裝束可爲何歟事、一室町殿護持猶申入度事、一坊務事一向可爲新門主計事、返答條々奥ニ注之了、

十五日、弘繼僧正申入條々返答事、一室町殿御猶子事、自彼宮以萬里少路大納言、直可被申條尤可宜歟、何樣歟時ハ爲此門跡モ可申入也、旁此儀珍重、一入室夜得度事、十二歳云々、已成身事歟、旁可宜、一戒和尚事、只今門主狂心儀、若被平愈者、和尚尤叶其理歟、不然者僧正弘繼事、沙汰不能豫儀歟思給也、一當時門主彼入室以後、爲先門主儀、不可有師主儀事、狂心未休間、小倉宮被不受條尤候歟、但於其一段者愚身意見難及、面々寄合加談合、宜樣可相計歟、一坊務事、又同前、一只今門主在所事、如臺屋可有何子細哉、何樣門跡中ハ宜歟、但他所ニ可然在所等候者、尤宜候哉、宜爲計歟、一入室時彼御着用裝束事、常儀ハ直衣等勿論歟、但近日彼宮式以外御計會云々、

(永享二年十一月)

廿七日、勸修寺新門主入室、小倉宮息、十二歳、室町殿御猶子、仍今朝先被參室町殿、其後入室云々、每事爲門跡執沙汰、入室行粧、輿袖白、力者單直垂、珪光院法印定能、其外房官兩人供奉云々、今夜卽得度、戒師慈尊院僧正弘繼、唄師定能法印、教導報恩院僧都云々、已上三人着座云々、剃手教導相兼沙汰云々、彼門跡樣剃手必公達所役云々、左右相分各別、剃手仍兩人云々、今一人右剃手定能法印弟云々、寶

名等不知之、此等次第昨日、廿六日、弘繼僧正來申談キ、
彼僧正申云、唄師剃手相兼條如何、予云、唄師可相
兼條不宜歟、教導相兼便宜可然歟云々、彼同心、寶
名教尊云々、室町殿御字拜領也、

（永享三年十月）

十九日、自管領以飯尾加賀守、同大和守申、小倉宮御
月棒（俸）毎月三千疋事、諸大名寄合可致其沙汰也、十二
月御越年分、二萬疋可致其沙汰、但當年十二月二萬
疋用脚ハ、去年以來諸大名進小倉宮千貫未進也、

（永享四年二月）

廿九日、其次小倉宮月捧、諸大名令結番、毎月三千疋、
去年以來可致其沙汰旨領掌申處、一向面々無沙汰、
已可及餓死哉之由、小倉宮狀ヲ以テ被歎申也、嚴密
爲管領面々方へ、可申付旨被仰旨申遣管領了、

（永享五年四月）

三日、管領、畠山、赤松三人狀伊賀事、狀今日以書狀進
之了、慥到來之由御返事、拜見了、京極加賀入道來、
護聖院宮御不例難儀既令及鶴林給之由、以惟廣
朝臣承了、遺跡事等條々承了、

（永享五年七月）

四日、南方護聖院宮當年五歲、被賜姓、於今者人臣振舞
一途ニ思食由先度被仰了、其御返事、阿野侍從參申
旨披露了、其御返事樣、故法皇自山中御出以後三種
神器等被返入申了、其御忠貞異他也、仍故鹿苑院殿
別而又無御等閑儀被扶持申了、而故法皇勝定院殿御
代不慮御進退在之、幷御籠居山中、雖然故廣橋儀同
三司爲御使被參申、則御出也、當小倉宮當御代始又
沒落勢州給了、頗及天下大義歟、如此彼御方樣ハ及
兩度御進退在之、而於護聖院宮者一向奉仰時宜于今
聊儀モ無之、自今以後又以同前也、然上者於當御進
退五歲宮、者就善惡可爲上計、御母儀等ハ聊周章御儀
歟、不及申入限也云々、今日一途仰無之、定可爲以

前儀歟、

（永享六年二月）

廿五日、次小倉宮得度事、以御書被尋仰之間。定可爲近日歟之由申入了、戒師事、海門和尚歟之由被申間、宜爲貴計之由申遣旨申入了、

看聞御記（『続群書類従』所収）

（應永廿三年九月）

十六日、椎野入來被語云、南朝法皇此間自吉野郡出御、刷御行粧還御大覺寺有御座、自室町殿御領等本復可申沙汰、可有還御之由再三被申之間還御云々、此五六年被號御窮困、吉野へ御出奔、仍世上有物言之間、管領申沙汰有御和睦云々、

（應永廿三年十二月）

十四日、抑御諱躬仁也、而躬之字室町殿被難申、身ニ弓アリ可有難歟云々、鹿苑院鄂穏和尚被仰談、躬字同聲之字ニテ可被改直申云々、自僧中可計申之條、有斟酌之由雖被辭退申、重被仰、仍實《ミ》仁ト被直申云々、僧中勘進先例不審、希代事歟、白河院皇子實《サネ》仁親王同字歟、如何、

（應永廿六年十一月）

三日、今夜青蓮院室町殿舎弟天台座主宣下、

（應永卅年二月）

廿日、抑後聞、今日護正院宮、前圓満院宮有確執事、圓満院與護正院兩輿ニ乘、於奥中圓満院護正院を欲煞、然而圓満院還而被煞、護正院も負手云々、其次第委細不能記、不思儀事也、圓満院狂氣人云々、

（應永卅一年四月）

十二日、入夜霹靂震動雷光無隙、照耀一天如白晝、大雨降如車軸、自戌初點至子初點、其後晴了、恐怖消肝、

（應永卅二年七月）

廿八日、抑鹿苑院主用健へ有書狀、若宮御年齡密々可注賜之由被示之、尤不審也、仍七歳六月十七日夜誕生之由委細注遣了、是室町殿有御尋歟、内裏就御惱若宮事有謳歌之事、定此事歟吉慶念願無極、

廿九日、自鹿苑院若宮御事猶委細有被尋事、用健被返事、晩景前宰相歸參、語云、御惱今曉御發、火急之御氣色云々、聊又取直御晝程崩御之由有沙汰、然而御息未通云々、公武騷動中々不及謂事也、就其新帝御事南朝有御所望、然而不思寄事云々、公武之時宜内々御評定、若宮御治定云々、人々前宰相ニ賀申云々、不思儀事也、但未定事也、併可爲神慮之間、彌祈念無極、

（應永卅二年八月）

廿三日、源宰相以狀馳申云、廿日（ママ）禁裏へ庭中申物あり、今度御惱自伏見殿被咒祖申之由申、さもありぬへきよし被仰、逆鱗以永藤卿室町殿へ被仰之間、事様不審也、何様ニも申口可召捕之由御返事被申、則所司代召捕尋之間、内侍所刀自三條と云物彼官人也、彼刀自カ夫洞院諸大名民部少輔重季、幷庭中申男、六條中將侍金澤ト云其外女尼兩三人召捕、被糺明之處、非伏見殿御事大覺寺殿をこそ申て候と申被之間、此御所之虚名ハ晴了、御幸運珍重之申告申之間、迷惑仰天先以無爲之條、併神慮之至喜悅也、則三條永基ニ尋遣返事云、大覺寺殿御事也、是之御事ハ無爲落居之由申安堵了、晩頭野遊ニ出、若宮、東御方、上﨟、二條殿、前宰相、重有、長資等朝臣、慶壽丸、聖乘、梵祐、御寮、智俊、賀々等參、禪啓以下候、野中ニ聞法院ト云小菴ニ栗林あり、禪啓管領云々、栗拾其後超願寺ニ參、用健御座之間、捶等持參、彼ニも有栗林、又拾之、其興不少、一獻了歸、昨日御寮、智俊還禮ニ野遊張行也、

廿四日、行豊朝臣參、得度以後初見參、明盛も參、彼庭中事委細申、刀自三條八十計之老者也、其代官之刀自力夫ニ金澤ト云物底中申、此間有訴訟申事、仍爲蒙勸賞就今參局主上御寵愛、底中申、委細戴目安而今參伏見殿御事と披露申云々、以外有逆鱗、仙洞室町殿へ被申之間、則彼輩被召捕了、廣橋永藤卿所司代等召問之間、刀自金澤妻、申云、三條刀自年來大覺寺殿爲御師御祈申き、其を金澤有訴訟事爲蒙勸賞底中申也、伏見殿御事とは初より申たる事更になし、惣而自伏見殿御祈事不奉之間不存知申之由明鏡ニ申披畢、仍三條ハ永被放刀自不可被召仕云々、代官刀自ハ可被追放云々、刀自夫民部少輔重季洞院諸大名、以下兩三人侍所ニ召置、底中申金澤をは被籠舍可被斬歟之由有沙汰、自内裏ハ猶御不審相殘、彼等可被糺問歟、又湯起請可被書歟之由有御沙汰云々、大覺寺殿御事ハ自室町殿以海門和尚被尋申之間、三條ハ年來御師也、便宜御祈など申計也、更ニ今度就御惱御祈事、不被仰付之由種々被陳申云々、所詮是之事忽及生涯處、彼刀自申披之條、併内侍所加護祖神之冥助也、幸運至極珍重無極、御惱ハ先御本復之分也、然而御脉者如初不直同篇之由醫師申云々、行豊朝臣則退出、明盛ハ祗候、

(永享元年九月)

十八日、楠木僧躰也、俗名五郎左衛門尉光正、被召捕上洛、此間南都ニ忍居、是室町殿御下向爲伺申云々、筒井搦取高名也、爲天下珍重也、

廿四日、先日被召捕楠木、今夕於六條河原被刎首、侍所赤松、所司代六七百人取圍斬之、切手魚スミ、其躰尋常ニ被斬、先召寄硯紙作頌、

幸哉依小人虚詐成大謀高譽珍重々々

不來不去攝眞空　万物乾坤皆一同　卽是甚深無二法

秋霜三尺斬西風

なか月やすゐ野の原の草のうへに
　身のよそならてきゆる露かな
我のみかたか秋の世もすゐの露
　もとのしつくのかゝるためしそ
夢のうちに宮この秋のはてはみつ
　こころは西にあり明の月
永享元　　楠木五郎左衛門尉光正
　九月廿三日　　　常泉
見物人河原充満、自南都御使立、急可斬之由被仰、
其形僧也、頌哥等天下美談也、楠木首四塚ニ被懸云々
（永享元年十二月）
廿六日、今日官司行幸也、散狀、
　公卿
久我内大臣　藤大納言 隆光卿、　京極中納言 實光卿、
葉室中納言 宗豐卿、　山科宰相 教豐卿、但行幸不參、還幸供奉、
四條宰相 隆夏卿、　三位中將 實量卿、劔璽役、還幸不參、

少納言
宗業眞人
弁
資親朝臣
次將
　左
雅永朝臣　基尹朝臣
　右
實雅朝臣 還幸、劔璽役、　資益
左衛門府
員弘
右衛門府
範景
　職事
頭左大弁房長朝臣　頭右大弁忠長朝臣　右少弁政光 奉行、　權右少弁嗣光
極﨟源重仲　藤原懷藤

反閇
有富朝臣
　儲御所
左少弁明豐　源爲治
明日御卽位也、爲見物南御方出京、東御方、近衛、
春日御乳人等相伴、永基朝臣宿所ニ立寄、前源宰相、
庭田三位、長資朝臣、重賢、行資、同出京、行幸今
夜丑刻出御、毎事嚴重無爲云々、左大將兼日參之由
聞、不載散狀不參歟不審也、
廿七日、御卽位戌初點被行、室町殿參、攝政相共毎事
中沙汰嚴重云々、散狀、
内弁
右大臣 房嗣公、
　外弁
万里小路大納言 時房、　花山院大納言 持忠、
勸修寺中納言 經成、　新藤中納言 秀光、

飛鳥井宰相 雅世、　中御門宰相 宗繼、
　宣命使
勸修寺中納言
　典儀
長政朝臣
弁
資親朝臣
擬侍従
　左
中山宰相中將 定親、　行豐朝臣　宗業眞人
　右
四辻宰相中將 季保、　知俊朝臣　長鄕朝臣
　左近府
　大將代
家長朝臣
　中將代

多〻〻 不參、有先例云々、
少將代
多〻〻 同、
右近府
大將代
範周
中將代
多久頼
少將代
多忠英
次將
左
爲之朝臣　定長朝臣　隆遠朝臣　雅豊
右
光清朝臣　行尚　資益
左衛門府
大尉明世
右衛門府
佐範景
左兵衛府
佐永基朝臣
反閇
有富朝臣
藏人頭
奉行右大忠房朝臣、傳奏按察大納言資家、　也、
毎事無爲、天氣快晴事々周備、一天大慶万人美談也、
今夜還幸寅刻云々、

(永享三年四月)
廿四日、抑人々出家事以兩傳奏室町殿へ伺申、西園寺、吉田、圓三位者勸修寺申、洞院、按察ハ廣橋申、然勸修寺彼三人可御共申之由伺申之間、已令治定上者非可伺云々、以外不快之間陳申云、依上意可出家之間伺申也、然而猶御腹立、以廣橋三人今日中不出家

者可有御罪科由被仰、仍忩出家云々、洞院按察事、
廣橋申、ともかくもと被仰、是も不快歟遂出家云々、
仙洞御事以前再三被止申了、而押而御沙汰之間御共
人々までも不快云々、攝政着座雖可被參、稱所勞不
參、是も依不快無出仕云々、勸修寺以外違御意不出
仕云々、不便々々、踏薄氷時節可恐々々、

(永享五年十二月)

廿日、抑聞、相應院新宮、南方上野宮卿子、自公方侍所ニ被仰付搦申、門主ハ御室へ被入申、其間ニ侍所門跡へ參取申懸縄云々、御行儀悪者之間、公方へきこえて被搦申云々、委細事未聞、希代不思儀事也、

廿三日、大教院隆經法印參、對面、相應院新宮事語、有隱謀之企、仍被搦申云々、侍所日野家へ渡申、彼ニ御座云々、

(永享六年五月)

十六日、抑聞、妙法院門主逐電云々、去比自室町殿以三條愚息事尋承、有其器用者入室事可有御沙汰由奉、無其人躰之由申了、無念之至也、徳大寺息、公方朝臣舎弟、可入室云々、勸修寺門主も逐電云々、相應院新宮も流罪、但被行死刑云々、門跡共竹園大切、爰本無器用之條遺恨之次第也、一乘院も被流罪、去延年之時、大乘院座席相論故也、一乘院ニハ陽明之息爲門主云々、
〔頭書〕「妙法院、勸修寺ハ其身不義之間、上意依不快逐電云々、相應院ハ反逆之企露顯、仍被誅了、去年事也、

(永享六年八月)

廿日、抑聞、南方、聖護院(世明)兩人喝食ニ被成申、不可被置御遺跡云々、奉公殿上人等少々禁裏可被召仕之由、以日野内裏へ被申云々、凡南方御一流、於于今可被斷絶云々、喝食ハ常徳院主海門和尚、鹿苑院主等弟子ニ被成申云々、

(永享六年九月)

十八日、抑聞、護聖院奉公殿上人八人、禁裏可奉公之由被仰、御遺跡斷絶、御領ハ御喝食兩人ニ割分、相

殘分殿上人五人懸命之地ニ給、因幡國衙ハ三條ニ被遣云々、此國衙崇光院御管領分國也、舊領彌爲他物之條無念也、

（永享七年二月）

六日、抑聞、昨日山門「社頭中堂「大講堂以下爲灰燼、使節被勿首之由聞、相殘「座禅院等」悪党共放火、忽一時山上滅亡云々、可驚可悲末代至極相當御代山門滅亡驚歎無極、委細事未聞、

八日、行豊朝臣一兩日内裏番ニ候歸參語山門事、淨侶より注進、中堂、本尊大略炎上歟、但奉取出歟不知云々、惣持院、佛具經論等重寳共在之所、炎上了、參ケ所ここ炎上、自元沒落云々、座禅院以下輩、中堂ニ楯籠自焼腹切者廿四人、圓明ハ逐電云々、中堂本尊、今一躰大師御作之御衣木在横河、設雖燒失、此本尊可奉渡之間、朝家御祈禱不可事闕云々、一箱も無爲也、社頭ハ皆無爲之由注進申云々、大講堂も不燒失、殊社頭以下無爲、天下大慶也、山門事是非不可沙汰之由被仰、而煎物商人於路頭此事申間召捕、忽被勿首云々、万人恐怖莫言々々、

（永享七年六月）

十三日、酉刻小地震、龍神動也、抑三寶院准后今朝入滅云々、此兩三年病氣、今度瘻病興盛遂隨命、天下義者也、公方殊御周章云々、連々醍醐渡御懇切訪給云々、室町殿自今日五壇法被始云々、

（永享七年八月）

廿五日、自南朝小倉殿、後朱雀院、後三條院兩代之宸筆御記二合、室町殿へ被進、則内裏へ被進云々、

（永享九年二月）

八日、抑猿樂觀世御突鼻失面目云々、去年是へ渡御之時猿樂不申沙汰、不快之随一也、仍諸方渡御之時、以猿樂御もてなし爲專一云々、而今又失面目之條、不定之世每事如此莫言々々、

九日、公方三條へ渡御、仍捶參荷、鯉一喉、菱食一遣之、

每度爲佳例遣之、西芳寺坊主參、御茶 廿、 獻之、對
面給扇、康富參、御讀書如例、抑東御方三條へ御共
被參、御雜談之時一言悪被申、御腹立忽御追出、仍
伏見禪照菴被迯下、言語道斷驚歎無極、三條も觀世
事被執申不許、七八獻了早々還御、每事無興云々、
履薄氷之儀恐怖千万、世上も有物言、赤松身上云々、
播州、作州可被借召之由被仰云々、
十日、東事以御乳人西雲ニ相尋、非別事會所之餝唐繪
殊勝之間、就其事東御方ニ被問申、御返事悪被申、
忽御腹立拔御腰刀金打給、向後不可見參とて被追立
申云々、依此事早々還御、猿樂事も不被申云々、其
身不覺非只事、頗天魔之所爲歟、

(永享九年七月)

十四日、大覺寺門主逐電云々、室町殿御連枝也、御意
不快之間野心之企歟、候人共被召捕被糺明云々、朝
日若宮上﨟も逐電被尋云々、南方祇候人も逐電云々、
爲世恐怖、但實説不審也、
十六日、大覺寺逐電実説也、玉川護正院候人共兩三人
逐電、依之彼方樣女中共皆逐電云々、
廿日、抑大覺寺門主、天王寺落下僧坊一宿、彼坊主相
伴被出、不知行方云々、仍彼僧坊追捕、法師一人召捕、
管領預置被尋、更不存知之由申云々、南方宮同御逐
電、叛逆之企露顯歟、
廿三日、大覺寺大和隱居小路取申云々、山名宮内少輔
御方參、伊勢國師等合力可上錦旗云々、

(永享九年八月)

三日、抑楠兄弟被討云々、御劒進之、南御方御禮被參、
入江殿同道、今御所御比丘尼同被參、有御對面云々、
朝敵悉滅亡、天下大慶珍重無極、公方御悦喜御快然
云々、

(永享九年十一月)

六日、聞、室町殿祇候女中、東御方玉川殿御女、小弁不調

事露顕、兩人可被流罪云々、小弁者被糺問白狀申、相國寺僧又行道等密通云々、仍彼等忽被刎首、又公方召仕遁世物も密通切首、小弁被懸護云々、其外猶申通輩共悉被罪科或切腹云々、猥雜言語道斷事也、安野中將息女二條被切髪、如喝食被切云々、是ハ行幸中事也、黜退出云々、上様御絶入も天狗所行也、御所中不思儀事共繁多云々、千本殿比丘尼伊勢參宮下向、爲狂氣御所へ參、種々事共託宣、所詮悪將軍之由申云々、不可思儀事風聞、莫言々々、

（永享十年七月）

廿五日、抑聞、大覺寺天河ニ御座被上簾云々、一色一族一頭、佐々木一族二頭參云々、世上又物忩、

卅日、抑聞、大覺寺吉野隱居、たはかられて被捕云々、［頭書］後聞、捕申事例之虚説也、不可説不可説、已京着之由風聞、雖被隱密無隱歟、天下静謐之基珍重々々、御運之至不能是非者也、

（永享十年八月）

廿八日、大和今日多武峯被責、有合戰云々、

（永享十年九月）

十八日、今御所被帰、聞、大覺寺坊官柿屋（山名家人）備中兩人、於吉野被打、其頭二上洛云々、

（嘉吉元年四月）

八日、晩景室町殿公武群衆馳參、何事哉不審之處、大覺寺於九州被腹切注進云々、［頭書］去月十三日事云々、

十二日、大覺寺御首上洛、

（嘉吉元年六月）

廿四日、赤松公方入申、有猿樂云々、及晩屋形喧嘩出來云々、騷動是非未聞之處、三條手負て歸、公方御事ハ實説不分明赤松家炎上、武士東西馳行、猥雜無言計、至夜伊與守（赤松）屋形炎上、家人共家自燒、公方討申、取御首落下云々、仰天周章中々無是非、内裏人々馳參、以重賢驚申、三條へも遣、只猥雜半死半生之式云々、

是ニも人々參集、終夜不寢惘然而已、西室大夫落行
云々、
廿五日、昨日之儀粗聞、一獻兩三獻猿樂初時分、内方とゝめく、何事そと有御尋、雷鳴歟なと三條被申之處、御後障子引あけて、武士數輩出て則公方討申、三條御前之太刀を取て、御引出物進太刀也、切拂顚倒被切伏、山名大輔、京極加賀入道、土岐遠山走手、參人討死、細川下野守、大内等腰刀計ニテ雖振舞、不及敵取、手負て引退、管領細河讃州、一色五郎、赤松伊豆等ハ逃走、其外人々右往左往逃散、於御前無腹切人、赤松落行、追懸無討人、未練無謂量、諸大名同心歟、不得其意事也、所詮赤松可被御企露顯之間、遮而討申云々、自業自得果無力事歟、將軍如此犬死、古來不聞其例事也、御死骸ハ燒跡より瑞藏主求出て、等持院へ奉渡、御首ハ攝津國中島ニ御座之由、赤松注進、其使管領切首云々、雜説種々繁多也、委細不能記録、

(嘉吉三年二月)
廿日、世上物言以外也、管領身上富樫事ハ、次ニて南方小倉殿叛逆之企、大名引合申歟、禁裏御式可被如何候哉由告申、此事内裏被聞食て、内々是へも被仰下き、傳奏有御談合、室町殿へも可被申歟之由、藪申旨、以御乳人申入御心得之由被仰下、非延々事、近日事歟、諸大名用意、管領も夜々用心帶兵具待儲云々、南方事爲實事者天下大亂、禁裏御大事驚入、仰天無極、四辻密談、聽退出、如此告申條爲悦也、夜樂器大事具足等、敷地之土藏ニ預遣、伏見番衆等召寄令用心、禁裏之非番等可參候之由傳奏相觸、現形事歟、珍事也、但邪推巷説難信用歟、
廿二日、以隆富朝臣三條へ物言以外に風聞、如可樣事哉、毎事恐怖憑申之由令申、對面、物言なとは尋常事也、以外之儀也、既笑筈を取たる式也、我らも室町殿へ可參之間、内裏へ不可參之由、以傳奏申入了、其御

所御無人御計會察申入之由、委細被返事、風聞之説、大略實説歟、驚歎無極、内裏へも此子細内々申入、公私之大事周章無極、樂器等一條土藏雖預、怖畏之由申、仍淨花院文庫ニ渡遣、伏見土藏ニも文書數十合預遣、

廿八日、天下惣別大慶也、此間之物言種々巷説、皆虚言ニ成了、但南方版逆之企、内通ハ勿論歟、雖然小倉殿以外被病氣云々、仍此儀、内通之人々閣歟、天道無許之條顯然也、

(嘉吉三年五月)

七日、聞、今日南方小倉殿逝去云々、〔頭書〕「遺跡ハ勧修寺門跡へ被付云々、世物忩之時物言尤可然事也、

(嘉吉三年九月)

廿三日、暮程より世間物忩、自管領相觸、軍勢共烏丸殿へ馳參、野心之牢人可推參云々、實説不分明、仍用心男共參候、禁中ニハ當番不參、入夜按察參云々、無御用心之儀、夜半許猥雑燒亡云々、有俊朝臣告之、予平臥、起出之處禁裏云々、寢殿へ走出見之、已清凉殿炎上、仰天失心神、大事之本尊楽器等欲運出、御乳人走來申、惡黨三四十人許、清凉殿へ亂入、常御所へ入、御所樣ハ未成御寢、親長、季春御前祗候、晝御座御劔被召、議仗処へ迯御、大納言典侍取劔璽迯出之處、凶徒奪取、無力被取て、女中右往左往へ迯出、御乳人も小袖はかれて迯出、御所樣御行衛も不知之由泣々申、心神惘然失東西、有俊朝臣忩他所へ可有御出之由申之間、乗輿東門より迯出、宮御方女房之樣ニて歩行、若宮二條奉抱、御喝食兩所、御南方、女中走出、男共御共、持經朝臣宿所へ行、留守之御所ニも大勢馳參警固、騷動凡無言計、而内侍所渡御之由申、彌仰天、刀自奉取出、三條靑侍三井、奉舁出之由刀自申、庭上奉居、恐之間搆高御座奉居、予下庭上奉拜、兵部卿衣冠、參、御行衛

も不存知之由申、暗然之外無他、此旅宿も怖畏之間、宮御方、若宮、二條御乳人奉付、定直宿所へ奉成、隆富、持經等朝臣、御共參密儀也、主上陽明へ臨幸云々、又無其儀之由申、實説不分明、内侍所御迎ニ武家奉行共參之由申、若惡黨爲取奉如此申歟、不審之間無左右不可渡申之由数問答、自三條御迎ニ被參者、可奉渡之由令申、奉行三條ニ令申歟、公綱朝臣直垂、參、奉行人御迎ニ可參之由被申、遅參之間、内へ入閑談、天明以降奉行数輩、警固ニ百余人帯甲冑、參、陽明へ可奉成之由申、其時御坐治定令安堵、則渡御、次將教季朝臣、直垂、有俊朝臣同、公綱朝臣同、重賢朝臣同、源定仲極﨟、束帯、供奉、非常之儀不及洗礼之沙汰者哉、臙面々帰參、中門ニ御座云々、玉躰安隱賢所無爲渡御、亂中之大慶也、内裏殿々悉炎上、四足門東門ニ殘、餘談、不移他所、樂器名物和歌以下雜抄、御具足雜物等悉灰燼云々、燒亡時分諸大名、侍所等一人も不馳參、公家人も不參、尤不審也、主上をは季春にかし奉る、高名忠節不堪感悦者也、天明以後予、女中、本所へ歸、留守ニ伊成、永親、僧侶等濟々祗候、

廿四日、去夜事委細聞、凶徒清凉殿ニ亂入、先劔璽奪取、已劔璽ハ奉取ぬ、可付火之由下知、殿々放火、御所様議仗所へ御迯ありて、殿上之後へ出御、親長、季春太刀を抜て、凶徒を打拂てにかし奉る、御冠を脱て女房躰ニて、唐門より逃出御、御共季春一人候、親長ハ惡黨ニ押隔られて行方不見、裏辻宰相中將家へ入御、其より廣橋中納言家へ渡御、自彼密々御輿にて陽明へ臨幸云々、隱密之間公家人誰も不參、賢所渡御之後露顯、女中も方々より參入云々、此式御乳人語、早旦南御方、女中、寶嚴院へ迯下、宮御方、若宮ハ定直宿所ニ御座、伏見へ可有渡御用意也、前攝政參來、對面、相應院入來、見參、住心院參、聊

閑談、椎野參來、下河原殿初て光臨、餘取亂之間不入見參、御室御使大教院、妙法院諸門跡、公家人々(按察大納言以下)大略參、皆不對面、(式對面)依物忩不能記之、抑南方謀反大將号源尊秀、其外日野一位入道與力之惡黨數百人、山上へ登て奉成臨幸之由披露、中堂ニ閇籠三千之衆徒を相語之由、山門使節注進、此外公家人、諸大名(細川、山名、)同心、廻文ニ加判形云々、已天下大亂言語道斷之次第也、管領、山門使節ニ急速可誅罰之由加下知云々、公家よりも被成綸旨、朝敵可追討之由、山門へ被仰、

綸旨云、

被綸言偁、今度凶徒濫吹事、前代未聞之處、如山門事書者、号源尊秀奉成臨幸之由相觸衆徒云々、造意已露顯、事儀絶常篇、逋逃黨類猥惑亂乎、視聽流亡殘民恣結構乎、詐僞彌招重科難遁上刑、誅亂黨治者明時之臨御萬國也、順正捐邪當山之擁護一人也、莫敢與梟惡而同於狼戾、早竭衆議一味之忠節、可致凶黨三族之追討、然者比叡之稱益協鳳詔延暦之号、須覃龍華之旨、宜遣仰三千大衆者、綸言如此、以此旨可令洩啓座主准后給、仍執啓如件、

九月廿四日　權右中弁俊秀

謹上　大納言法印御房

草万里小路大納言書之、上下周章仰天之外無他、日野一品禪門謀叛意趣何事乎、息女權典侍禁中祇候、旁不思議事也、此外公家人同心云々、(不及謂其名、)山名野心日來風聞之間在内也、細川も同心山名縁者之間無不審、凡物言繁多、是へも去夜惡黨一手欲亂入、而失方角不參之由、後ニ聞、幸運之至併神明佛陀加護也、老後運命相殘、喜悦千万也、伏見地下人召寄大勢參、警固奉公侍臣僧侶党悉參集、具足方々預遣、纏頭周章中々無是非、

廿五日、裏辻宰相中將參、對面、世事閑談、太炊御門前内府參、見參、明王院參、對面、若宮御加持申、四辻前中納言參、對面、是ヘ可有臨幸是之由、密々告示、非可故障申纏頭無極、仍伏見ヘ具足運遣、若宮、定直宿所御座城南ヘ入申、二條御乳人奉付、宮御方ハ是ヘ可有御歸是由令申、晩還御、定直御贈物御劔銘物、進之、抑管領ヘ遣定直、禁裏炎上驚入、就其此御所怖畏同前、宮御方御座之間、恐怖之由令申、番衆可被仰付之由申遣、返事、警固事、忩可仰付候、宮御方御座更不存知申、兩御方之御年齢なと委細被尋云々、晩伏見郷民百餘人參、警固申、僧俗祇候用心而已、至夜九條前、關白參來、不入見參、人々雖參依物忩不對面、亥剋管領警固百餘人被進、以定直尋名字、新藤筑後、天部土佐云々、今川上總家人也、三門可警固之由申、四足唐門可被警固也、東門ハ本所者共警固之由仰、管領より三門可警固由被仰付之間、三門ニ可祗候之由固申、仍伏見者共、庭田ヘ遣、少々御所中ニ置、其後飯尾加賀可給雜掌之由申、則掃部侍、庭田青遣管領、被申旨警固定可遲參歟、夜中御肝つふさるへき間、先可申案内之由奉之間申入云々、每事怖畏之處安堵了、儼密被仰付之條喜悦也、椎野歸寺、月輪宰相入道參、對面、

廿六日、以定直管領ヘ警固被進目出悦入之由令申、返事被申、抑山門之凶徒、昨夕追落して或討死、或生捕之由、此曉注進早速誅罰、珍重無極、仍内裏ヘ以て重賢朝臣進御劔、烏丸殿ヘも進太刀、付三條如例、其後山門重注進、南方人主と稱する人、法師也僧躰之宮々、日野一品禪門以下凶徒討取、其頭とも上洛、少々ハ沒落云々、中堂も不燒、山徒致忠節之由申、早速落居、併神明加護且聖運之至喜悦無比類者也、人々參賀、關白、前攝政、左府、陽明、西園寺前内府、内府花山院、万里小路大納言、廣橋中納言等參來、皆對面、早速

落居珍重之由被申、相應院光臨、給御劍、聖護院、三寶院、妙法院、住心院、花頂等參、各對面、其外人々、依物忩不對面、南御方、二條自伏見歸、万里小路大納言又參、只今可成臨幸之由申、自三條出車を進、女房之樣ニて密々可有渡御云々、補設破損見苦事可如何候哉、毎時纏頭掃除等猥雜無言計、申剋臨幸、出車、無供奉人、只武家人 一色、 大勢帶甲冑警固申、万里小路大納言 衣冠、 祗候、御車羞中門、中門北妻戸懸御簾、南御方參寄御車引導申、公卿座妻戸より入御、寢殿を經て會所へ渡御、[頭書]内侍所廳渡御、武家警固許ニて、公家無供奉歟、中門ニ御座、後聞、職事兩三人供奉云々、頭弁明豐朝臣臨幸目出之由申、進御劍、按察大納言、裏辻宰相中將、兵部卿、永基卿、益長朝臣、親長、季春等參候、其後女中面々參、予、宮御方、南御方西面、候、廳不參、至夜予可構見參之由申入、御裝束悉燒失、御白衣之間、御斟酌之由被仰下、重不能申入、宮御方ハ御見參、半尻、大口、初度之御對面祝着也、南御方御盃殊更申沙汰、常御所渡御、有參獻、傳奏以下近習侍臣、會所ニ候、予今夜ハ南御方ニ候、内裏女中ハ對屋東妻ニ候、抑晝程ニ日野一品禪門、子息右大弁宰相資親卿於路頭被召捕、家人侍共同搦取、猥雜也、管領仰付云々、逆臣忽蒙天罰之條、不義之因果顯然也、資親卿子息小冠顯光も被召捕云々、但不分明、

廿七日、天明之間、予、宮、南御方西對屋妻ニ移住、狹少如入膝、凡禁中同宿不可有先例歟、然而非常之儀、無力次第也、管領爲警固申、一所ニ御座可然之由申沙汰之上者、不及異儀事也、老後細々可拜龍顏之間、亂中之大慶也、三條人々雖參、依無座敷不對面、住心院參、狹少之所ニ對面、親昵別儀也、慈雲院携小樽參、見參聊有盃酌、椎野雖入來、御所中無骨之間、庭田へ來捶等被進、廳歸寺、岡殿御菴參、日野家人其外朝敵共、於所々召捕、或籠舍、或則誅云々、

世之物言夜々物忩無言計、
廿八日、資親卿於六條河原被刎首、其外召人五十余人
被斬、南方於山門召捕者、日野侍等也、至夜寶劔渡御、眞之寶劔無子細、錦袋ニ被
入を、とりのけて入布袋、鞘蒔絵を拭云々、清水法師奉之、御堂中ニ捨置
云々、狀を書了へて弃、其狀云、大内の三種神器ニて
候返し申され候へかし、わろくせられ候て、罰あた
られ候ましく候、狀如此、誰人所爲哉、不思
議事也、清水法師雖可被究明、先執進被感仰可有勸
賞此由被仰云々、何樣ニも出來天下大慶也、神璽未
出來、被尋求云々、定可出來歟、聖運顯然之上者有憑、
廿九日、寶劔出來珍重之由、關白以下參賀、此方へも
三條以下賀申、三寶院以使者被申、内裏御本尊自普
光院預申、醍醐ニ預置、召寄て可返上歟之由被申、
只如元可被預申之由返答了、抑去廿三日伊勢神馬逐
電、或説、山中を馳行云々、翌日廿四日、歸來、以外窮屈之躰也、
汗をかき白泡をはく、此由注進、炎上此間神明入洛被擁護申之
條顯然也、玉躰安穩眞實加護之至也、關白被進一獻
云々、内裏女中、臺所を室禮爲局、對妻ニ可被候由
雖令申、猶移住一向ニ對屋をあけられて、此方へ被進、
夜大典侍、宰相典侍參て被申禮、對面、今夜九月盡
也、不能詠吟、只物忩而已、

(嘉吉三年十月)

□□□□□初冬佳節幸甚々々、祝着[如例歟]□□狹少之間
一獻如形、[頭書]□□□□□初參見參、宰相入道、源宰相、隆富朝
臣、持經朝臣、有俊朝臣、重賢朝臣、伊成、政仲、
照善等候、召次御牛飼共雖參、無座敷之間酒を不給、
晝地震、天王動也、抑一品禪門首、資親卿首可被渡
哉之由有群議、關白所存ハ朝敵最頂之間、可被渡之
由頻被申、是へも以忠郷朝臣、其所存被申、然而□
□□斟酌難申意見之由令申、群議□□□□戚里也、
旁有異議不被渡云々、夜宮御方御前へ御參、御祝一
獻也、南御方ハ不參、

二日、等清法印御巻數御劔持參、別而御祈祷申云々、仍對面給太刀、南御方、對東妻へ移住、女中八、中間候、抑勸修寺門跡（南方）へ侍所（所司代）、大勢向、門主坊人等召捕云々、此宮小倉殿息也、同意勿論也、四條中納言參、對面、□□□聞、勸修寺へ所司代寄來之時、坊人等□□□坊人數輩被斬、門主ハ可被流罪云々、□□所松茸小長櫃一合被下、則賞翫、男共候、此間當番、非番男共濟々候、

十三日、三條爲使住心院參、今度謀叛同心人數之由謳歌云々、驚存之由被陳申、巷説雖觸耳信用之由返答、虚名之段無子細歟、但在人口、不思議事也、管領上表可爲如元之由、今日治定云々、天下惣別珍重也、自禁裏以傳奏御劔（平鞘、）被下、被賀仰云々、夜御前參、（着装袋、）宮御方同參一獻（点心美物等十種、捶十、）進之、御贈物折紙先持參、於常御所御対面、御引直衣、一獻女中許候、三獻之時予立御酌、以天酌又被下、宮御方、南御方同被下女中次第ニ給、男共召出、傳奏（中山）、兵部卿、益長朝臣、重賢朝臣、成任、親長、季春等被下、五獻之時南御方立御酌、巡流了予起座退出、依不慮臨幸搆見參之條、亂中之大慶本望之至也、

建内記（『大日本古記録』所収）

（正長元年六月）

廿日、今日於參賓院壇所条ゝ閑談、

來廿一日渡御關白第、可參會之由有御定由事、予可參會由及御沙汰、然而座籍狭少間申止之由准后被稱事、

公家輩（大中納言、）与武家族（管領已下、）盃酌礼事

勸修寺中納言談准后事、（准后云、）勝定院殿御時、（御飲之後）第一先讓一獻盃ヲ賜管領、巡流、二獻盃ヲ、假令勸修寺中納言祗候之

時ハ賜之、次巡流也、當御代ハ初盃ヲ勸修寺中納言、第二ヲ管領、如此賜之、武邊面〻所存難測事也ト勸修寺中納言談合之間、答云、准后答也、鹿苑院殿御時ハ、先公家《武家》輩飲之、賜御盃了、何獻モ如此、故一位大納言重光《（裏松）》、　自參議之比祇候飲之、故勘《（斯波義將）》解由小路道將入道も先可飲事トモ不存ナリシナリ、勝定院殿御時ハ引替テ如然アリシ也、今御沙汰之樣ハ尤殊勝也、凡　鹿苑院殿ハ大名ヲハ有御賞翫テ、御緣ニ祇候之時モ、聊御礼セラレテ有御通シナリ、但公家輩ノ上ヲ武家ノ大名ニナセラル丶事ハ無リシナリ、勝定院殿ハ御盃等モ公家輩よりハ先管領《（武家）》等を御賞翫之躰ニセラレテ、我御身ノ御賞翫ハ以外ニ御無沙汰ニ、大名トモニ御無礼ナリシナリ、仍兩代御沙汰之樣相違セリ、當代御沙汰ハ同于鹿苑院殿御沙汰、尤似珎重也、但則《（ママ）》武家ノ大名ニ對シテあまりニ無礼ハ不可然、其間事無難之樣ニ可有進退哉由、勸黃ニ返答セシナリ、自然之時盃《御前》酌之儀爲得其意演説之由、准后有言談、承悦者也、

【菊亭本・文中「〃」の付いた文字は原文では変体仮名・合略字など】

（永享元年三月）

十六　日、小倉宮《（聖承）》於伊勢國司《（北畠滿雅）》城多芸郡、難被堪忍之間退散之由有其聞、移住何處哉如何、聞及哉之由内〻以予《（足利義教）》有御尋、更不承及之旨申之了、若隱密哉之由有御雜談、不可有其儀歟由推量之越申了、

（永享元年六月）

廿三日、小倉宮ノ御書ヲ海門和尚《（承朝）》、管領《（畠山滿家）》ナト勅書ト物ニ載之、仍不可然之由御異見《（萬里小路時房）》也、

（永享二年二月）

十日、參　室町殿、御對面如例、小倉宮《（聖承）》御歸事、彼御使連日催促之間伺申入之、御出立用途万疋舊冬雖有用意、御歸以後則又可有用脚之沙汰之旨面〻

被仰談之、且新所等已被進護聖院宮(世明王)了、替地等
無其所、依如此之儀自今延引歟之由、對使者時房
可示之、只可被歸之由若有令申旨哉、可示試之趣
御定也、次退出、
十一日、向三宝院准后、奉謁、小倉宮御歸事、用途
等已被仰談管領(斯波義淳)之用被談之、未申御返事云々、
豊田中坊退治事、南都兩門跡(大乘院經覺・一乘院昭圓)已被加下知、來十六
日可發向之由有其沙汰之旨被談之、
小倉宮御使雅成 号万里少路、同稱也、 入來、被御歸事、先
日伺申入之處、追可有御返事由被仰下之旨示了、
依御斷所等事延引歟之由以愚意之分示了、有御歸
者、自其日御用事且可被察申哉、御斷所等事面々
御割并給恩等之外、公用分纔三万疋計歟、若猶被
殘置護聖院宮者頗可爲御難儀歟、何樣先忩有御歸、
於御斷所等者御歸之後御談合可然哉之由使者談
之、

(永享二年七月)
廿八日、參賀御拜賀無爲之儀、一昨日御衰日、昨日
赤口舌之間及今日、持參御劔了、御對面之儀御會所、
御小直衣、先俗中、次御持[護]僧、新中納言 直垂、 申入之、
候御前、申次左兵衞權佐永豐朝臣 狩衣、 同候之、
各進太刀、外樣人々太刀事去年以來被停止了、每
度無如此之儀歟、勝定院殿御時吉事等御參賀之處、
不被御覽事也、其上諸人経營、貧家彌不參之基也、
不便之由被仰了、但今日之儀依邂逅之御慶賀用意
之由、人々以新中納言被申之故也、次大乘院(經覺)・一
乘院(昭圓)被參之、太刀并馬載折紙、依南都事中沙汰被
付時房、仍令披露、有御對面也、聖(聖承)護[護聖]院宮(世明王)被進
御使、寛治(阿野)、御太刀執進了、小倉宮以御使同被賀申、
彼宮之申次事被定仰之間、同披露了、
(永享二年十一月)
二日、小倉宮(聖承)用途諸大名無沙汰事

【菊亭本】

(永享十一年六月)

六日、北畠中將(木造)持康朝臣、爲伊勢國司(教具)御退治進發勢州云ゝ、實否可尋記、後聞、非其儀、大覺寺殿(義昭)御座勢州、依不被(爲)退治申、

十八日、伊勢國中大覺寺前門主可被奉搜索云ゝ、和州吉野奥先可有搜索、自其陣直可令發向伊勢國、守護并國司勢州可在和州陣、以細川、長野(伊勢國度會郡)棚橋衆徒可等勢可(衍カ)搜索國司分領之内由有其聞云ゝ、屬長野手可致忠節之由被仰出云々、

廿五日、傳聞、武家諸奉行人々、愁訴雖経數年不及披露、近日雖付之、或称管領命越次第披露之不可然、不依尊卑・親疎、任次第可伺申由有仰云々、又聞、諸家被尋有愁訴人云々、政道無好惡被裁許者尤可叶天心、珎重々々、

(嘉吉元年六月)

廿四日、今夕有前代未聞珎事、赤松彦次郎教康(赤松)故則祐律師曾孫、故大膳大夫入道義則(赤松)孫、當時大膳大夫入道滿祐左京大夫法名、(赤松)性具子也、依諸敵御退散嘉礼成申渡御、近日人ゝ有此經營之故也、未斜室町殿征夷大將軍從一位前左大臣、四十八歲、鹿苑院殿御子息、勝定院殿御弟、天台座主義円、去應永卅五年御還俗、御俗名義教、渡御被彼宿舍、西洞院以西、冷泉以南、二条以北、諸大名管領細川右京大夫持之朝臣・畠山左馬助(持永)・山名右衛門佐歓、彈正(持豐)・細川讃岐守(持常)・大内(持世)近日在京參之、・京極加賀入道(高數)已下諸大名、爲御相伴也在其席、猿樂三番・盃酌五献之時分、開御座後障子、着甲冑武者數十人亂入之、奉弑之、其時管領已下着座之諸大名、即起座退出、不及報答、纔大内介・京極加賀入道拔刀防戰、又左衛門督実雅卿、權中納言、爲御相伴參候之、元來不帯兵具上者無力之処、御前金覆輪太刀礼太刀事也、山名在之、拔件太刀相防、其外近習輩細川下野守(持春)・中山中務

大輔灑貴散〻振舞、中務大輔當座止命、下野守被
打落腕、被扶子退出了、走衆遠山并下野守被疵、
歸家死去、室町殿御頸爲敵被取了、野中務大輔頸
同前、各指劒鉾、彦次郎教康、左馬助(則繁)叔父也、二条
西行大宮南行、落行西國之処、逐懸人無之云〻、
言語道断次第也、悉退散之間、左衞門督無力退散、
彼卿被疵、小耳根・股等〃云〻、赤松宿所即放火之間、
御死骸不及取出、言詞難及也、父大膳大夫入道依
狂乱自去年不出仕、渡御之時在別家、冨田入道宿所云〻〃、乗
輿落行云〻、彦次郎教康并左馬助大膳大夫入道弟也、等無
恙落居、自西郊歸路於内野見□火手、路次物忩無物取喩、早
以歸家、即馳參 内裏、于時及衝黑、主上出御朝
餉間、炎上之躰有御遠見、今日小番人〻并近臣少
〻候簀子、予已下直垂之躰人〻候庭上、中山宰相
中将定親、同候之、室町殿還御有無未慥説、於
左衞門督者已被疵歸亭云〻、所詮大事若出來歟、

無心元云〻、於門〻大番者嚴密可候之由仰付了、
上邊又可徘徊之由稱之相公退出、半更許歟細川右
京大夫管領也、進使節、内藤孫左衞門尉云〻、跪候臺盤所前庭、新
三位永基卿、堂上簀子、跪候謁之尋聞、奏聞、彼申詞云、今
日事言語道断次第候、但若君御坐之間、天下安隱候、
御心安可被思食候、尤令參可候御門候之処、中〻
事〻敷候間、以人申上候者、
勅答、今日物忩所驚思食也、事儀未聞食及御不
審之処、言語道断次第也、若君御坐之間、不相替〃新三位
憑思食者也、如此奏聞神妙者、此等之趣仰含之、
次使者退出、
種〻説満巷之処、奏聞已如此、御薨逝治定、言詞
難及事也、當座之儀又有種〻説、而聞定分已載右了、
今夕赤松宿所自放火之後、又經程伊与守(義雅)大膳大夫入道弟
也、一条以北町以西宿所自放火、又左馬助同弟也、
宿所自放火、其外彼一族被管人多以放火逐電云〻、

於伊豆入道（貞村）・播广守（満政）者、雖一族与惣領無野心別心之間、
當参無相違、今日不供奉、有馬是又近日不快之分歟、無相
違云々、
左衞門督疵以外也、然而不可有大事歟云々、
今夜面々猶可祇候之由被仰下之、以新三位天明退出了、
内侍所邊面々濟々、予候臺盤所前庭脱邊了、
廿五日、前左大臣殿御死骸求出燒跡、奉渡等持院云々、
御葬礼可爲來月六日云々、

（嘉吉元年七月）
十七日、一、南方御子孫小倉、入道宮御末子奉盗播州赤（後聞、無此儀云々、）
松欤云々、

（嘉吉三年五月）
九日、後聞、南方小倉宮（泰仁王）後醍醐院玄孫、後村上曾孫、後亀山院御孫、
故恒敦宮（良泰親王）御子、去正長比出奔勢州、依懇望歸京之後、
以子息爲普廣院御猶子、入室勸修寺門跡、其身得度、
法名聖承云々、俗名可尋之、近日所労、邪氣
近年自嵯峨移住下京邊給云々、円寂云
々、与海門和尚同日、希代事也、南北両朝元弘・
建武以來不安不休之処、近年無爭論止于戈、今已
歸皇統自然、天運之理、可云神慮、遺領等附屬勸
修寺宮云々、彼弟小生欤、而先年已先父云々、於
今者、彼御流断絶了、護聖院宮、是又世明宮兩息
入釋門、相國寺喝食也、玉川宮遷因州、其外皆釋門、
禪宗也、
後聞、海門和尚常光國師弟子、後醍醐院曾孫、後村上孫、慶壽院（長慶天皇）御子、南禪寺常徳院主前住、自去年住鹿苑
院、掌
僧事、円寂云々、禪宗耆老、眞俗兼備、法德無比、
可惜々々、廣才博覧、一見一聞事更無忘失、天性利
根、名望無双、匪直也人、可退鹿苑之由懇望之処、
不可依処労之由、管領計申之、然危急、今日向嵯
峨慶壽院、卽入滅云々、

薩戒記（国立公文書館［内閣文庫］所蔵）

（正長元年八月）

廿三日、或人語云、伊勢國司左少將滿雅、依鎌倉左兵衞督持成（氏歟）卿命、奉取小倉宮之由有聞、而彼鎌倉使者非實使、爲稱鎌倉使、企謀反可上洛、仍可相憑彼官忩可奉取之由示滿雅、々々存異儀之申之処、此事漸露顯、彼使者忽逐（電歟）——小倉宮當（時歟）々令座伊賀方給、然而滿雅謀逆不隱便、早發向可攻之由、左典厩被仰付土岐黨云々者、不可説事也、

（永享八年八月）

八日、或人云、大覺寺僧正被落着吉野山奥、還俗々名義有云々、方々送廻文云々、

（永享九年八月）

三日、未終刻、河内國凶徒楠木黨近日奪取城楯籠、仍守護方攻之討大將軍之由注進

五日、河内國静謐之由、

師鄉記（国立国会図書館所蔵）

（永享七年六月）

十三日、今日三寶院准后滿濟僧正 令薨給、五十八、自去年積聚所勞也、當時無双重人也、遺跡（相續）僧正寶池院僧正也、天王寺別當以下如元云ゝ

（永享九年七月）

十二日、去夜大覺寺（義昭）御門跡室町殿（足利義教）御舎弟 御逐電、不知其故云ゝ、後聞、山名刑部少輔（滿時）奉具云ゝ、

卅日、今日備後國飛脚到來、去廿五・六日之間、山名刑部（山名持豐）少輔於當國集軍勢、構城墎、揚義兵之間、守護被管（官）人等押寄致合戰之處、刑部令討死了、仍卽時静謐云ゝ、彼刑部近年蒙御勘氣沒落之處、大覺寺與（具）申如

此揚旗云〻、
今月十二日、大覺寺殿御逐電以後、於洛中・洛外被
召捕者數多云〻、
(嘉吉元年四月)
八日、大覺寺殿(義昭)於九州日向國欤、嶋津(貴久)討之由注進到來、
人〻參賀、面〻進折帋云〻、
十日、大覺寺殿御頸京着、赤松(滿祐)執進之、御所樣於御所
近邊、内〻被御覽也、則被遣□□我不壞化身□□
(嘉吉元年六月)
廿四日、今日渡御赤松(教康)宿所、而酉剋許奉討室町殿、
則放火、沒落播州了、前代未聞之次第也、參會人〻
三条左金吾(正親町三條實雅)・管領(細川持之)・畠山(持永)・同修理大夫(畠山滿則)・山名(持豐)・
細川讃州(持常)・大内(持世)・京極等也、左金吾被疵、京極歸
家則死去了、御供衆中山名中務大輔(熈貴)於當座被討、
細川下野(持春)被疵、走衆三人遠山ヽヽ 市 討死、
遠山ヽヽ
歸家則死云〻、其外人〻無爲云〻、室町殿ハ奉取御頭
下國云〻、於御死骸者翌朝奉取之自寺云〻、赤松伊与(義雅)・
左馬助(則繁)兩人家同放火了、
予(中原師鄕)入夜參　内裏、人〻少〻被參之、管領以使者被
申　禁裏云、室町殿御事言語道断之次第也、雖然
若公(足利千也茶丸)御座之間、可取立申之云〻、新三位(冷泉)永基
卿申次之、使内藤四良左衞門(貞國)云〻、方〻
御座若公、今夜皆方入伊勢許、警固申之、
御臺樣(正親町三條尹子)以下女房五・六人今夜則落飾、御臺樣則令着
御黑衣給、其外大略令着給欤、
(嘉吉元年七月)
御頭奉□□下國之間、自僧家乞請之、茶毗申す之、
六日、今日普廣院殿御茶毗也、於等持院有此事、
下火佛事常在光院景南和尚云〻、大名・管領許被
參之、公家衆四人被參之申云〻、自今日被始御忌中、
(嘉吉元年八月)
一日、綸旨(坊城俊秀)、於武家可追討赤松(滿祐・教康)父子之由也、
左少弁書之、

(嘉吉元年九月)

十日、後聞、今日播州赤松城木山城被攻破、赤松入道(満祐)自害、於彼頸者山名(持豊)兵部少輔伯耆守護手者取之、彦次郎(赤松教康)・左馬助(赤松則繁)等自害歟、但人不知之云々、伊与守(赤松)満雅義降參云々、彼被管人等降參濟々云々、

廿八日、後聞、今日赤松彦次郎憑伊勢國司(北畠教具)下向勢州之處、國司不許容、仍自害、家人十人許同自害云々、

(嘉吉三年九月)

廿三日、入夜世間物忩以外事也、夜半子終剋也、許内裏焼亡、物忩雖有怖畏參之處、高倉西門不入人之間、不能參入、暫相待之處、人々少々見來、然而各不入門、内侍所御事相尋之處、已奉出之由、門守護等答云々、行幸事不知之、諸人暗然之式也、於土御門高倉邊佇立、其後左少弁朝衣來、後覽之、今夜爲番相傳祇候之處、賊徒參清涼殿、乱入御座所、玉躰令遁給哉、不知御行方云々、處々放火之間、無程燒上了、東西門之外悉燒失了、後聞、内侍所ハ刑部卿持經朝臣宿所ニ奉入之、帥卿青侍三井民部走參、奉取出之、主上(後花園天皇)近衞殿ニ□□座之由、纔雖有其説、不分明之間、不及參、後聞、凶賊參御座所之間、潜自儀仗所殿上ノ後ノ脇戸ヲ令出給テ、自西唐門先令入正親町宰相中將(持季)宿所給、四辻少將季春一人御供ニ候、其ヨリ日野中納言亭ヘ令入給、卽又令入近衞日野殿給云々云々、御用心之間、御座所事暫不及披露歟、劔璽典侍欲奉取出之處、賊徒奪取之云々、彼凶賊入自西四足門、出自東門、引退之時揚時聲、後聞、彼賊徒自内裏上山上、閇籠中堂、凶賊等多以集之云々、

今夜自晩頭荒説縱横之間、武家・大名各々用心、仍不及馳參云々、室町殿(足利三春)烏丸亭御用心、然而近習等番衆馳集之、

廿六日、今曉山門使節勢押寄中堂合戰、凶賊多以被討、又□捕仍賊首・生捕等上洛、日野一位入道(有光)在此賊

首之内云々、言語道断事也、彼大將、南方護聖院(世明王)宮子僧兄弟兩人之、一人ハ金藏主（此間在万壽寺）、一人ハ通藏主（此間在相國寺）、被兩人金藏主ハ被討之間、爲賊首上洛、通藏主ハ爲生捕上洛了、其外南方高倉冷泉と号スル者有之云々、以後金藏主可爲王云々、不可覧事也、於山上逃隠凶賊等尋求捕進之間、今日中數輩進之云々、

今日申剋管領(畠山持國)被管人寄、右大弁宰相(日野資親)亭（正親町町、）欲召取之間、右大弁折節出行、留守青侍十人許召取之、於右大弁者於路次（武者小路今出川）召取之、管領宿所ニ被置之、

今日（酉剋許）主上渡御于伏見殿、堅固密々儀也、御車云々、

内侍所同渡御云々、

廿七日、今日寶劒自清水進云々、清水堂中ニ棄置之、副折帋云々、仍彼寺僧取進了、璽筥未出現給、不審事也、

廿八日、先日自山上捕進凶賊并右大弁青侍彼是五十余人、於六條河原誅戮之、於右大弁宰相者被遠流之由風聞、然而爲侍所沙汰、於九条高倉邊（今日同）被誅云々、可哀云々、彼罪科之様、内々被尋申前攝政殿(一條兼良)云々、

(嘉吉三年十月)

二日、今日侍所勢行向勸修寺門跡、奉取彼門主(教尊)（南方小倉(聖承)宮御）子也、今度与同事露顯歟、出世・坊官等被召取、又被討者有之云々、

(文安五年一月)

十日、室町殿(足利義成邸)參賀如例云々、今日被進御太刀、是号南方宮(護聖院宮)熊野奥ニ兩三年有之、爲守護(畠山持國)沙汰舊冬奉討之、後注進到來之故云々

康富記（国立国会図書館所蔵）

（嘉吉三年九月）

廿三日、今夜子剋内裏燒亡、于時皇居土御門殿也、北正親町、南土御門、東高倉、西東洞院、方四町々也、以西爲晴、西面有二門、南者四足左衞門陣是也、北者唐門也、長橋局通也、北者上土門、東者棟門也、爲里内之門、南方無門也、日華門北腋有内侍所御殿、其尤有記錄小御所等、其北有泉殿矣、清涼殿在紫宸殿之乾、御黑戸常御所之北者對屋也、御臺所在艮方、御湯殿之釜殿在乾方、以常御所之乾方爲御末、御末之南御湯殿之上敷、清涼殿之坤門議定所、其南臺盤所也、此角妻戸間、職事奏事御戸也、内侍於此御簾中被傳申也、長橋局者在乾方、向北西唐門者也、清涼殿之未申方有殿上藏人所等、軒廊在南殿之西階也、陣座在軒廊之西、陣座之南有宣陽殿、陣与宣陽殿之間、有宣仁門、出入陣座之通路也、宣陽殿之西裏爲床子座、宣陽殿之南有月花門、其南西方有御輿宿、予大概覺悟分如此、常住之儀左衞門陣四足、門役者、爲管領約、當時者畠山被官諸分國之人等也、号大番役者此事也、今夜唐門者、地方頭人攝津掃部頭被官人也、是門役巡役也云々、北門又巡役也、今夜武家近習之一番衆曾我兵庫助被官人等也云々、東門役又巡也、今夜佐々木黑田入道被官人云々、是等皆武家警固也、公家昼夜之御番衆者、卿相雲客相交、毎日六人充被祗候泉殿者也、主上密密幸陽明左府殿第、近衞北、室町東也、内侍所御幸櫃二合、奉取出、於寶劔并神璽者、内侍雖奉取出、凶賊奪取逐電了、晝御座御劔者、上自取之令出御者也、其外御物記御器以下重寶大略燒失云々、但不知其寶否者也、紫宸殿、清涼殿、常御所、小御所、泉殿、内侍所已下、至四方門々拂地燒畢、東門并西面南門左衞門陣四足、免炎了、御泉水ノ山中亭《チン》一宇纔燒殘矣、抑此火事希代之儀也、其故者、近年逋逃之凶徒等揷野心、今夜潜令亂入皇居、致此狼藉云々、或語、凶賊二三百人、於神泉水苑成群集、或者甲冑在之、悉不帶兵具歟云々、可打入管領宿所之由風聞、又可亂入室町殿大炊御門萬里小路之由有其聞之間□□番衆外樣已下、俄馳參室町殿致警固、皆帶甲冑、斯波千代德殿越前尾張遠江等守護、手令警固大門者也、管領手各馳集屋形、其外諸大名等各致軀之用心許也、然間於禁門警固者、如常而不被副人數、只門々纔人數有名無實也、於室町殿者、有警固武士、不可叶之間不打入、件凶徒弐百餘人、自門々手分して亂入之間、門役迷惑不及防支云々、所詮自門々凶徒亂入内裏、先局町長橋邊付火之間、上下仰天之處、賊徒拔兵仗、

切登堂之間、上潜令微服御、先有入御于正親町宰相
持季卿第、内裏之咫尺也、四辻少將季春一人祗候御供云々、雖然御敵之餘黨
非無御怖畏之間、又密々幸日野中納言兼郷亭之處、
彼卿御供仕、奉入左大臣殿第、近衞殿、此間腰輿雖舁參
猶不乘御哉、或密語云、上夜中令幸花山第歟、但其
間事爲御用心之間、傳奏尹大納言定親卿他無知人
矣云々、自花山院第被用御輿猶非越歟、若本所被進哉、未明令
幸近衞殿給、此後公武人々馳參之間、以武士被致門々
警固畢、内侍所御幸櫃、自内裏奉取出、三條大納言實雅卿之靑
侍之中、三井中務已下、東門役相共奉出云々、奉安置伏見入道親王御在所、
伏見殿自夜中、今出御所給テ、刑部卿持經朝臣、宅一條萬里小路南頬宿所ニ御座アリ、内侍所此御所ニ奉納之、及翌日者
也、然間奉行飯尾肥前入道子共并飯尾加賀子左近大夫松田已下、於此處到内侍所警固者也、皆帶甲冑兵具、召具若黨已下
數十人參之、火事之最中、人々雖馳參、名不知、予直垂
風折、太刀、提令徘徊禁裏邊之處、淸外史、局務師鄕朝臣、外、
大夫史、時繁、大判事、明世、皆各直垂也、織部正員職、召使
秀國又花山院前内府狩衣、藤大納言、俊宗卿、萬里小路

大納言、時房卿、葉室中納言、頼時卿、頭左中辨明豐朝臣、
藏人權辨俊秀、各直垂、藏人左少辨資重朝衣、等、轉
法輪三條前右府亭之前邊各蹰躇、只皆暗然拱手許也、
言語道斷也、或密語云、自禁中退散之凶徒等、指糺
河原逃失、更不知濫觴、不辨子細者也、
自是日、御修奉初事、於禁中、爲被修御祈禱御修法、毗沙門同
公僧正雖被參勤、依火事被走出了、天德燒亡時、
熾盛光御修法中也、於他所被行續之、文永七年内
裏燒亡之時、季御讀經中也、任天德例、於官庁被
行續之云々、後日承、今度御修法重不及御沙汰歟
云々、
廿四日、伏見殿入道親王御所、去夜彼火事剋潛有渡御于
刑部卿源持經朝臣宅、一條萬里小路高倉間南頬也、無大門、内侍所
自夜半奉納此御在所之シダ、諸奉行致警固、依之
人々被參申之、予早朝參申入了、直垂、三條新中將公
綱朝臣直垂重大口、被參候、被召具兵士侍等、須臾予退出了、其

後參近衛殿、直垂、奉謁傳奏尹大納言了、彼卿直垂
被徘徊、爲皇居之間不被堂上、召寄番匠等、可奉安置内侍所
御在所墻板敷等假被造之云々、大門四足、室町面南、小門
同室町面北也、等門役事、以武家近習小番衆大館
師織戸也、
被致警固、五番衆三番衆等也、予參會大夫史大史
等、各直垂也、清外史先程被參、既退出云々、此
後予參鷹司殿、右大臣殿、菅長者在有卿父子參會、須
臾右大臣殿有御參于近衛殿、右府御衣冠也、爲御
歩行御供無人也、可參御供之由被仰下之間、予參
了、雲客一條少將季隆布衣也、前文章博士菅在綱
朝臣、治部少輔和氣保成朝臣予等也、右府令昇中
門緣給、尹大納言爲直垂之間乍立地上被申次、即
御前ニ有御參、拜天顔了後御退出也、
是日午剋内侍所合品、駕輿丁等奉舁之、自伏見殿有渡御近
衛殿、不及供奉人之沙汰、以武士被致路次之警固
者也、今夕左大臣殿令移住他所給、土御門與鷹司之間室町西頬三

福寺也、浄土宗也、爲御師檀云々、御方左衞門督殿同有御同宿、禪
定殿下者移御領殿給云々、今夕伏見殿自持經朝臣
宅有還御于伏見殿御所、一條東洞院南東
今夜自比叡山衆徒中、以飛脚申入管領云、自去夜
曉天、朝敵出來、取上山門、各相分令閇籠東塔根
本中堂并西塔釋迦堂、然間彼閇籠衆以事書觸廻
院々谷々、隱謀之輩充滿矣、南方後龜山之御子兄
弟金藏主通藏主等云々、其外與力人繁多也云々、仍自武家被
奏聞此主旨趣、不日令追罰之由被仰下、且被成進
倫旨於座主宮、可有御下知三塔之由被申之、又武
家被成御教書云々、綸旨藏人權右中辨俊秀被書出
也、御草宸翰也云々、萬里亞相、尹大納言、清大
外史等寄合有潤色文章歟云々、飯尾肥前入道自武
家御使也、在京之山法師使節杉生□□□□月輪院等□□□□令發
向山上云々、依公武之御命也、
廿六日、綸旨御教書等被成下□□□□□釋迦堂等、

昨夕今曉到合戰□□□□或取首、或生捕之、今日
巳午剋則□□□御敵不日沒落、天下之大慶何事□
□□慮、云皇威、嚴重殊勝々々、處楯籠御敵等金
藏主、通藏主、兄弟也、後龜山院子、金藏主者萬壽寺之僧也、通藏主者相國寺常德院爭也、
日野一位入道祐光、俗名有光、冷泉、不知交名、高倉、、、鳥
羽後鳥羽院後胤云々、鳥羽尊秀ト號云々、已下也、金藏主并一品入道禪門
等、矢庭被打也、仍兩人□□通藏主者召捕テ上ス、
其外雜兵不知數□□召捕之、今日終日處進上也鳥
羽ハ暗後落失不知行方云々、
今日土御門殿門跡被結塞了、舊例仰修理職被塞之
由有所見、今度儀若傳奏被仰付公人歟、悉不存知
之、今日未剋許、右大臣宰相資親卿日野東院一位入道裕光子、
被召捕之、彼卿父入道於山上被討之首上了、依之
管領官讐田等向彼相公宿所、欲捕之處、被出行、
於武者小路今出川邊召捕之、被官人靑侍等十人許云々、
於彼宿所取之搦之云々、

是日番申剋自近衞殿有行幸伏見殿、乘御網代車、女房車由也、室町殿之小
無供奉人々卿相雲客、只兵士奉警固之、番衆大館并五番衆等也、
相次内侍所同有渡御於伏見殿、供奉警固
之武士同前也、幸路出御近衞殿四足、室町北行、
土御門東行、東洞院北行、迄伏見殿四足、内侍所
入御之時、主上下御庭上御歟、可尋注之、伏見殿爲皇
居之間、門役警固事有之、四足、管領手、同西面北門、
佐々木黒田波多野等也、東御門、今河右衞門明佐、駿河守護也、正親町高倉
與東洞院之間一町小路分、五番衆、小番衆也、處々如斯者也、

寶劒出現等

廿七日、去廿三日内裏炎上剋、凶徒所奪取之寶劒出
來者也、是清水寺千手堂、奥佛前に於テ寺僧心月坊
承珪見付之處、以切紙付短冊、於此劒テ大内之寶
物たるよし書附たり、仍執之持參管領之間、自管
領被進内裏也、神代以來傳國之三種之神器也、假
雖賊徒奉取之、早出現、珍重々々、但於神璽物、
未出現、未聞所在、希代之珍事也、寶劒持參之心

月坊二八被行勸賞、右大辨之所領六ヶ所之内一ヶ所被下之、美濃國加納郷内三四十斛之土貢也云々、

廿八日、日野右大辨宰相資親卿被斬首了、(八條猪熊邊歟云々、)從類等、於六條河原、各被切首了、其外自山上退散之凶徒囚人等、悉以被誅了、資親卿頸於法成寺馬場、傳奏尹大納言(定親卿)、被實撿之、父祐光、此人首、等可被懸歟之由雖有沙汰、爲朝敵之間、可被懸獄門也、然者賊首渡、判官以下出仕、卒爾不可合期之間、一位入道父子幷金藏主首等不及懸之、被棄之云〻、件一位入道者、光範門院(稱光院御母儀)、之連枝也、先帝(稱光院)、爲御外戚、爲爵位、旁不被懸之哉、内々有沙汰被尋申殿下前攝政殿、粗有御意見歟云々、其外冷泉首、資親卿被官人等首、取合二三十被懸六條河原了、其外雜人者被切棄頸了、頸四五十被積置河原許也、不及被懸之、凡下之族故也云々、

禪僧通藏主(後龜山御子、金藏主之兄、)被流罪、可爲四國之由有沙汰、被預置飯尾肥前入道、今日被渡細川九郎方也、被被官人香川請取之云々、山名金吾被官人曰、逐電後金藏主 □□□□□□□

(文安元年八月)

(南方宮方於芳野被擧御旗之由風聞事、)六日、候竹園、後讀了退出之時、醫師宮内卿上座語云、南方宮方、於大和吉野奥被擧御旗之由、自熊野本宮令注進撿挍聖護院宮云々、件注進昨日參著聖護院云々、新宮那智注進未到、不審也、自吉野被觸廻熊野三山之故存知歟、又或説云、吉野ノ奥ト云共、非大和國、是紀伊國内也、北山南山トテ兩所アリ、北山ニテ宮方被擧御旗之由有其聞矣、上野宮御部類歟云々、

(内侍所臨時御神樂事、)十九日、内侍所御神樂臨時三ヶ夜被行之、自今夜被始行之、去年於此皇居被移申新造之後、臨時御神樂未被行之上、今年甲子也、又三合之翌年也、旁

以爲御祈禱所被行也云々、去月比紀州北山有南方擧旗之間、又無何御祈可然之折節者歟、有行幸、奉行藏人左中辨俊秀也、役者拍子資繼朝臣、和琴有俊朝臣等參之、地下所作人等可尋注之、

(文安五年一月)

六日、傳承、去年十二月廿九日、於紀伊國、南方宮方欲蜂起之間、畠山被官人、仰付國人等追散、取上件宮方首云々、昨日被申公方了、自室町殿、御感御使等被遣畠山方云々、自禁裏、御劒等被送下畠山左衞門督入道方、傳奏中山彈正尹爲勅使被行向之云々、

十日、參室町殿、年首御禮也、予著朱綾、乘輿、召具雜色一人與五郎、者也、局中官務目官務皆束帶也、主殿頭晴富今日初參入、直垂也、舊冬於紀伊國討南方宮部類、其頸京進、自畠山殿被執進之、相當年始御敵之頭到來、爲珍重、仍爲其今日上下人々被進御太刀者也、御前參進之時、懷中笏持御太刀者也、

十九日、外史令語給云、年内、於紀伊國、南方宮方圓滿院附弟、玉川殿類云々、奉討之、其御頸去九日十日間京著歟、可有實撿哉否事有其沙汰、未定云々、

尚々誤謬所々候者可示給候、料紙先五十枚進候、重可承候、早々殊大切候、無御隙候覽も察申候、

除目無日數候間、纏頭過賢察候、大間土代大略草出候、定誤事候歟、無心雖千萬候、如去年被染御筆者可喜入候、料紙幷舊草副進候、不及再往候樣忩企候者、本望之事候、期參謁候、恐々謹言、

正月十九日、　業忠、

廿三日、依仰參鷹司殿、藥院使參會、朝飯被下、兩人用之、其御一獻有之、顯一撿挍語平家、退出之後過淨南院、前官務參會、大判事明世立寄語云、

南朝宮御頸自畠山殿被執上之、爲公家可有御實撿之由被申之間、可爲何樣哉之由、自禁裏、以頭左大辨爲御使被尋申殿下之處、被渡大路、被懸獄門之條、可斟酌事也、只被遣撿非違使於河原請取之、判官卽實撿頸者可足也、仍來廿七日大判事行向七條河原、自畠山方手可請取也、不可有陣召仰之間、判官不可著束帶、著白張可向河原也云々、其間事委細談之、不邊于記、件宮昨年十二月廿二日、於紀伊國隱謀露顯之間、奉討之云々、

南朝宮方賊首沙汰事、

廿七日、是日姐小路判官坂上明世、五位大判事、堀川志大石六位雅弘、以上兩人、請取賊首者也、是首者圓滿院前門主令還俗、於紀伊國北山云所、有隱謀企之間、畠山左衞門督入道仰國人等、去年十二月廿二日、於紀伊國奉討之、南朝護性院部類云々、自畠山方、件首可京進之由申付、先日自紀州取上、此子細被申上、如先規可被請取賊首之由、被申沙汰之故也、今日自畠山方渡判官也、彼在所事、任先例可爲七條河原之由、兼日有其聞、雖禪件賊首自元高辻堀川邊之寺預置之間、不及河原、於高辻堀川莊嚴寺與油小路間北頬也、門有此儀、其儀、渡手畠山修理大夫入道之子一人立門外、折烏帽子直垂也、青侍著上下、二十騎召具云々、判官兩人明世、雅弘、又立對門外、其時淸目丸取出件賊首、居桶之蓋、判官各見遣件首許也、其後同淸目丸受取賊首、如元入桶取退、其後渡手請手各退散云々、其後件賊首何處被送之被棄哉不知之、可尋注也、先々賊首請取之判官者、先令參陣束帶、有陣儀、上卿職事辨史等有參行、奉召仰之後、發向河原請取之、而今日不及陣儀、仍兩廷尉各著白張乘馬罷向之、水干鞍、舌長鐙、杏葉轡、懸總、白張ノ上ニ當石帶、石帶犀角丸鞆也、火丁看督長等召具之、飼副等侍三十餘人馬左右徒歩云々、皆不令著甲冑、兩判官同樣出立也、奉行頭左大辨俊秀朝臣兼日被尋先例於兩局無幷新四位史等、新四位史被注進嘉承

列首〔義親〕、云々、抑今日雖無陣儀、召仰之次第可尋注之、尤可被仰付官方歟之處、不存知之由、官務所相談也、其儀何樣哉、又今度此賊首者、可被渡大路歟、可被懸獄門歟否事、有其沙汰、被尋申執柄之處、不可被渡大路、不可懸獄門之由、殿下被申御意見云々、宮之首未無其例云々、承及分、大判事三千疋、志千疋御訪被下行之、

（享德四年二月）
親王宣下事、
二十八日、今夜有親王宣下、木寺宮也、當時御室〔仁和寺〕御實父也、御年可尋注之、已御元服歟如何、後二條院御後也、

上卿權中納言親長卿、官方權中納言辨經茂、藏人方兼行、右少史康純〔外記兼行、宣下分配康顯也、而代之參、〕等參陣之、御名字注文〔立紙一枚被書之、〕職事下上卿、上卿召辨下之、辨給之、於床子座乍立下史康純、仰詞、可爲親王云々、勅別當事今夜無其沙汰、可被略云々、御名字注文遣官務許、可被成宣旨之故也、上卿辨等翌朝注進了、宣旨案追可尋注之、抑新王宣下、消息宣下例候哉之由、去々年仁和寺宮宣下之時、被尋兩局之處、無所見之由、各被勘申之、今度又被經御沙汰了、無消息例之間、於陣被宣下了、御名字事、邦康、

權右中辨藤原朝臣經茂傳宣、權中納言藤原朝臣親長宣、奉　勅、宣爲親王者
享德四年二月二十八日、
修理東大寺大佛長官左大史小槻宿禰長興奉、

此宣旨□□持參之由存之處、密儀内々可傳進之由、自木寺殿、以小川□□□〔彈正尹自然注了、〕被仰之間、付進霜臺之由、官務後日所被語也、

木寺宮御系圖、

後二條院 ―― 邦良親王（前坊） ―― 康仁親王（後春宮中務卿） ―― 邦恒王、
　├ 世平王 ―― 邦康王 ―― 、、、、
　│　　　　　　　　　　└ 、、、、（今御室）
　└ 承道法親王（御室一品）

二十九日、相國寺慶雲院主梵勝藏主（字不明）舍弟梵仲侍者兄弟昨日逐電云々、不知行方、又不知子細云々、南朝玉川宮御末孫也、

蔭涼軒日録（国立公文書館［内閣文庫］所蔵）

（文明十九年七月）

十六日、昔南帝王子御兄弟、爲喝食奉置于相國寺、於寺家之時宜如何、委細相尋可白之命有之云々、

二十四日、梵邵梵仲之事説破、伊勢右京公彼法眷老僧兩人、載始末於文以可白之由命之、今日定可到來云々、右京公曰、載文之事尤可然云々、及歸玉潤軒文淵和尚一行來、其狀云、

梵仲藏主事、爲普廣院殿樣之御猶子、四歳御時喝食仁成御申候、御出仕寺役等、不相換平沙喝候、御同宿下人等者不召使候、御衣裳分事者、自公方每年二千疋被參候、公方樣江御參者與御相伴長老同時候、可得御意候、恐惶敬白、

七月廿四日　　等明判

蔭涼軒　侍衣禪師　　玉潤軒

（延德元年十二月）

五日、今日初二、南方兩宮三十三回忌、於大原陳所營之、自寶林寺僧衆五十員、作州所々僧七十員集之、修懺頓寫等有之云々、自鹿苑以侍衣住持退事免之、可然乎云々、愚云、萬一法堂方丈戹一炬如何、然者可有免許乎、依虫氣不能對面、景雪亦不面云々、

勧修寺長吏系伝略（宮内庁書陵部所蔵）

第二十一長吏宮、権僧正教尊、贈太政大臣普広院源義教公御猶子、実者南朝小倉宮入道聖承第一皇子、後亀山院御彦、後醍醐院六世之御子也、應永廿六年誕生、宮大僧正尊聖資、兼安祥寺々務、天王寺検校、永享二年十一月二十七日入室、十二歳 同四年七月補長吏、文安年月日隠岐国遷流、二十六歳 当今 後花園院 依有御隔心也、年十一月廿八日寂、

東寺長者補任（『続々群書類従』所収）

（嘉吉三年九月）

廿三日子刻、大内悉燒亡、東西樓門計殘附火也、其夜近衞殿御幸、寶劔内侍所ハ三條殿取出被申進上之、神璽ハ此時ヨリ不見云々、三百人計亂入、付火之間、其後糺明之時、五十三人頸切之、殘者共山中堂籠之間、山門大押寄、大將南方高秀也、頸取之、其後日野東洞院親子搦捕切之、同意之人也、

東寺執行日記（国立公文書館［内閣文庫］所蔵）

（永享九年七月）

十一日、曉大覺寺殿御逐電義昭僧正

（永享十三年四月）

九日、先大覺寺殿 前大僧正義昭 御才卅八 於九州嶋津御領取之、此子細者大覺寺ヲ御落アリテ嶋津ヲ御憑アリ、上意ニテ討奉ヘト申、九日京都ヘ御頸上洛、自寺家禮物ニ

千疋進上之、

(嘉吉三年九月)

廿三日、子刻大内悉焼亡、東西楼門半残、主聖様近衛殿出御成、後日風聞ハ南方高秀沙汰之、三種神器悉出御成、三條殿奉公仁奉取、次日廿四日三條殿ヨリ近衞殿へ被奉渡之、

廿六日、山門中堂籠所ノ者共五六百悉責亡、生取九人頸四山門ヨリ取進上、其後京中ニテハ、日野東洞院御子御内方者九人已上十一人ト召取之、廿八日六條河原ニテ五十六人頸切之、

(嘉吉三年十月)

二日、勸修寺宮御方、今度大内焼亡者、此宮御存知申聞有之テ、當職參向申テ召取テ、京都へ御出了、御坊人十六人召トル、二人ハ當座死亡、已上十八人申之、

慈尊院、報恩院ハ先落ラレ畢

四日、僧類藏主流罪、相國寺客僧 山門ニテ召取奉云々、攝州大田ノ邊ニテ奉切之、切手者原林申者也、

(文安五年一月)

廿七日、南方宮御頸出、紀州畠山方々奉取之、

高野春秋編年輯録(宮内庁書陵部所蔵)

(正長元年十月)

南帝孫王小倉殿自嵯峨出奔勢州、侍頼國司北畠氏、起企義兵、競望帝位也、茲年宮武共有大変故小倉如右

(嘉吉三年九月)

廿三日、夜凶族襲大内奪取神璽去、是南朝餘党之奇謀也、

(文安元年八月)

□日、紀和兩国騒動、是依南朝残党奪取神璽招請小倉殿王子圓滿院門主、而欲奉卽帝位、

(文安四年十一月)
□日、紀和兩州騒動、山家不安隱、七口関所晝夜居番兵等、例防禦非常、是南朝之餘黨等先頃不意奪取圓滿院宮刃神璽、來而欲再興南朝故也、
(長禄二年八月)
□日、和紀奥山騒動、是所謂赤松氏是舊臣間嶋、中村兩氏弑南王、奪神璽逃亡故也、

大乗院日記目録（『増補續史料大成』所収）

(應永十七年十一月)
廿七日、大覺寺法皇入御吉野、
(應永廿二年八月)
十九日、國司沒落、大名歸陣　南方上野親王色々被取申畢、
(正長元年十二月)
廿一日、伊勢國司逝去、
(永享八年七月)
□日、將軍御舍弟大覺寺門主義照(昭)逐電、越智内通、
(嘉吉三年九月)
廿四日、夜内裏炎、惡黨所爲也、神璽等粉(紛)失、南方金藏主・日野一品入道父子其外濟々、於山門幷京都被殺害了、其夜主上者行幸密左大臣亭、賢所同之寶劔粉失、習(翌)日出現、今度儀大略者赤松黨所爲也、第卅七度炎上、神璽失了、
(長禄元年十二月)
□日、南方宮兄弟於吉野奥奉打之、赤松黨所爲近日彗星出現了、於神璽者奉取小河□云々、
(長禄二年八月)
卅日、神璽自南都入京、奉入三寶院天神堂、入御禁裏、
廿八日吉野奉出之云々、南都東北院ニ奉入云々、
(文明三年八月)

廿六日、南主御上洛云々、西方御座、但小倉宮御末、
岡崎前門主御見歟云々、法躰御□也云々、

大乗院寺社雑事記（尋尊大僧正記）

（『増補続史料大成』所収）

（康正二年十二月）

廿一日

一就南方蜂起自室町殿御書到來了、仍衆徒・國民等仁加下知了、於一乗院方者彼門跡ニ御書通申遣了、仍彼方ヨリ被下知了、長谷寺并多武峯ニ御書アリ、以使者遣之了、御請到來、上京都了、

（長禄元年十一月）

二日

一南方宮蜂起、於愛染寶塔テ吉野寺与宮及合戰、宮方打勝之由、近日風聞アリ

四日

一南方蜂起、先日於愛染寶塔、吉野大衆与及合戰、大衆打負云々、但昨日被引退候、珍重也、

十二日

一就南方蜂起、京都ノ御書到來了、

去月廿九日南方令出張、於金峯山及合戰之由、自方々注進到來候了、不廻時日相觸衆徒・國民等、可勵忠功旨可有下知狀如件、

十一月四日　　御判

興福寺別當僧正御房

就南方蜂起被下書候、畏入存候、早々相催可取進御請候、但雖及合戰候、已以引退候、於于今者不可有殊子細候由可然之樣可令披露給候也、恐々謹言

十一月十二日

日野大納言殿　　　尋尊

袖書云

今月四月御書、今月十二日到來候之由、同可得

御意候、

南方令出張於吉野致合戰候条、早速可擢(抽)軍忠也、

十一月四日　　御判

長谷寺衆徒中以定使下遣之了、

南方令出張於吉野致合戰候条、早速可抽軍功也、

十一月四日　　御判

多武峯寺衆徒中

一去四日學侶ヨリ吉野ニ相尋處、彼寺ノ注進トテ宗秀五師

方ヨリ給之了、

就北山宮出張委細示給候、仍去月廿九日寄來候、滿

山殊抽軍忠致合戰候、衆徒一人被打候へとモ、敵方

物共數十人討取候間、今月參日曉天敵方開陣退散了、

此旨得御意候者所仰候、恐々謹言、

十一月日　　金峯山寺年預豪源

供目代御坊中御報

十三日

一昨日就南方事、以廻文郡使シテ坊人共ニ仰之、當番奉行

之、廻文案文杉原三枚繼之、一枚立文ナリ、

不臈次

十市　　八田

新賀　　吉備

飯高

右就南方宮御蜂起京都御狀如此、見子細彼御案、

於于今者雖御退散、重而有出張儀可致忠功旨、各々

仁以立文可進御請矣

十一月十二日

十五日

一多武峯御請到來、上書飯尾左衞門大夫殿御宿所、一臈權律

師順惠、

就南方宮蜂起、被差京都御書候、即於滿寺令披露候、仍御請之狀令執進之候、委細被得意候ハヽ所仰候、恐々謹言、

十一月十三日　　多武峯目代 法眼憲惠判

多聞院御返報

抑多峯如(妙)樂寺、事者、延暦寺之末寺也、仍青蓮院門跡代々別當云々、然上者彼門跡ヨリ可有御下知事歟、當寺ヨリ取繼下知事可爲如何哉、

(長禄元年十二月)

十三日

一備中物語、去二日於吉野川上テ、南方之兄弟之打了、於頭者吉野ニテ茶スト云々、神璽南方ニ御座云々、但不知在所者也云々、

(長禄二年四月)

九日

一三種ノ神祇(器)之内神璽、去嘉吉三年九月廿四日、土御門内裏炎上ノ時ヨリ粉(紛)失處、其以後方々雖被相尋十方、數年ノ間不知在所、然而去年南帝ノ御事以後、得才學處、南方ニ在之旨治定、仍自京都色々御計略處、吉野小川、去月末ニ南帝ノ御母祇(儀)ノ在所ヘ令乱入、神璽ヲ奉取了、則越智之在所ヘ奉入之、來十三日可被奉入都云々、衆徒・國民等各自身罷出、自南都至法性寺可守護之由、各々被仰出間、悉以令出立、一國ノ大儀不可過之云々、

(長禄二年五月)

一日

一吉田通祐來、昨日自京都兩使幷畠山使二人、行向越智之在所、令申云、神璽事出現、天下御大慶不可過之之間、就粉骨領知一个所小川ニ被宛行了、幷赤松方落人ニ一个所給之處、小川令抑留狀以外事也、所詮早々神璽事、可奉成入洛候、若於小川申入子細者、就小川可被經嚴密之御沙汰之由、被仰下之間、則自越智方申遣小川云々、

京都御使一人ハ細藤因幡云々、畠山使ハ一人ハ甲斐庄云々、

廿二日

一自東北院以俊意 専松房、 申云、神璽入洛事、以伊勢國司小川ニ御問答間、可奉成入洛云々、就其ハ小川訴訟二个条、龍門庄事、ケヰ社造営事、各御裁許候之由、國司雑掌タルミ、令申候、龍門庄事ハ、爲寺領處、万一被仰付者、寺務方年貢事、可違乱候間珍事候、所詮早々可被申達京都之由申給之、雑掌昨日下向云々、予返事云、巨細承候、恐悦候、先日此子細内々及其沙汰候間、既柚留木方ニ申付了、重而可申上候、自然上意向事、預御意得候者、可悦喜之由仰返事了、仍事書兩通分京都ニ上了、

興福寺別當雑掌重藝謹言上

右大和國龍門寺庄者、爲別當領代々寺務知行、于今無相違外、更被成下三度之長者宣、嚴重規模領地也、以之随維摩會以下諸會式之役處近日就神璽御入洛事、件庄務稱先祖知行之地依望申、可被仰付于小河之由、及其沙汰云々、事実(者脱カ)言悟(語)道斷次第也、先年代官事、爲寺務申付小川處、年貢一向致無沙汰間召放了、若今度一庄悉以被宛行小河者、寺領違乱不可能左右者也、所詮當庄事雖望申入、不有御承引者可畏入、但神璽御入洛事、今抑留望申入上者、先可被仰付歟、然者於二万疋年貢者、可運上寺務之由、堅被仰付者、神事、法會等無爲之基、不可過之者也、仍粗言上如件、

長祿二年五月日

就當寺別當領龍門寺庄事、申狀一通被遣候、早々被達上聞候者可目出之由、被仰出也、恐々謹言

五月廿二日 清賢判

飯尾下總守殿

就龍門寺庄事、以申狀令申候、早々被達上聞、無

爲候者可悦存候也、恐々謹言

五月廿二日　　尋尊

日野大納言殿

廿九日

一神璽事、付伊勢國司御門(問)答小川之間、奉取神璽テ不知
行方逐電云々、珍事、

(長禄二年八月)

廿七日

一神璽自長谷寺南都ニ出御云々、小川沙汰云々、

一小川左衞門尉弘光、龍門庄代官事所望状到來了、

晦日

一神璽入洛、大和衆徒・國民等奉送之、二百廿騎、於神璽
者白長樻ニ入之、人夫二人シテ持之、任連三重引之、御
後ニ小川弘光浄衣ニテ乗馬御供、三寳院天神堂ニ著御、
則上卿以下參向テ奉入禁裏了、准后仰無益事也、如此
例無之云々、

(長禄二年九月)

一日

一神璽入洛御礼在之、竹内僧正房御參内、并室町殿、

十二日

一小川代官兵庫申云、京都御奉書如此候、
龍門庄事早々御補任候ハヾ可畏入云々大和國、龍門
萩原庄事、早任御判之旨、可被沙汰付小河左衞門尉
弘光代之由、所被仰下也、仍執達如件、

長禄二年八月十一日　　右京大夫判

南都寺門御中

大和國龍門萩原庄事、早任御判之旨、可被沙汰居小
川左衞門尉弘光之、若有異儀族者、合刀弘光可被全
所務之由候也、仍執達如件、

長禄二年八月十一日　　貞基判

常恩判

南都寺門御中

十四日

一龍門庄代官事小川所望申入諸人幷色銭ヲ令沙汰者、就其可了簡旨、仰(衍カ)代官兵庫助ニ仰了、早々本人可申云々、此子細昨日仰了、

廿一日

一小川弘光於京都テ任従五位下兵部少輔云々、於拝領所々者未治定者也

(寛正二年二月)

十日

一就畠山義就追罰事、室町殿御書到來、仍今日成廻文了、奉行降舜法眼、此外一乗院・當寺・成身院・吉野・多武峯・越智方ニ被仰云々、

義就追罰事、方々申遣之處、于今令延引之条、近日有南方同意企之由其聞候、併遅々之故如此之儀出來、不可然、所詮不移時日運籌略可誅戮之旨、可被加下知和州衆徒・國民等候、若有難渋之族者、随註進可處厳科候也、謹言

正月廿三日　御判

大乗院僧正御房

上書
大乗院僧正御房　義政

(文明元年十月)

五日

一自箸尾藤徳方申上云々、南方自□□□御上洛、越智御迎進之之由、光宣法印□□□□上之由、光秀相語也、自先日世間及此沙汰、西陣之計略云々、希有事也、

(文明元年十一月)

廿一日

一口遊南主蜂起、兄弟一所ハ吉野奥、一所ハ熊野、十方被廻宣云々、年号ハ明應元年云々、希有事也、

(文明二年二月)

十四日

一柚留木法橋來、對面了、南方事内々及其沙汰云々、

(文明二年三月)

十六日

一難波新左衞門自大和泉庄上洛、去々年分御年貢未進少々致催促罷上了、相語了、南方蜂起条事實也、廻文御使僧於和泉國召籠、所々御請文等取返于京都、和泉國ハ大略南方ニ參申、露顯上者兩守護可令下向歟云々、

廿一日

一南方去月末於宇恵（紀州紀田郡）衞門之所被上御旗、中將教政自越智馳參畢、當月八日藤白仁御出云々、郡者共大略成御方、皆以畠山義就之披官人等云々、以外大義也、宇知郡狩野之説也、

廿五日

一楠葉備中守相語、南方御旗以下被上越智郷歟、御勢共ニ於橘寺邊奉見之由、備中之中間相語云々、不審事也、長槓三荷上下七十騎許、本人兩人ハ錦直垂云々、昨日事也云々、

(文明二年五月)

十一日

一南帝事内々計略子細有之歟云々、如風聞者、兩方大名以下悉以同心、可奉入内禁云々、院内御留守衆公卿・殿上人、則可致奉公之由内々申合子細有之歟云々、希代事也、去年以來御蜂起之間、畠山衞門佐一人難義之由申入之間、宇令延引、其故ハ紀州・河内事南主御領也、楠木分國之間迷惑之由相存歟。仍西方大名共不一同、依之于今遲々也、畠山方事内々御計略子細有之歟、於于今致同心云々、風と可有入内裏支度云々、爲事實者尚々公家滅亡之基也、

(文明二年六月)

六日

一綸旨幷傳奏奉書到來、當寺幷七大寺御祈禱事、可致其沙汰之由也、四夷退散御祈云々、去二日奉書也、所々別當ニ被仰遣之了、繼舜法橋奉了、幷南方蜂起事所々ニ被仰出云々、東大・多武峯等云々、

廿五日

一吉田相語、南方御蜂起事、於于今者事實云々、西國大
名同心、此間者畠山右衞門佐就紀州内(河脱)兩國事、令存六
借歟、不同心處、処大名幷大納言殿被仰子細之間、於
畠山モ同心云々、和州儀越智計略云々、伊勢國司一左右
未聞云々、於南主者近所ニ御座歟云々、御手者少々紀州
合戰云々、高野山ハ南方云々、根比ハ北朝方也、當國布
施以下可歸國支度、來秋可有合戰云々、
一坪江政所事、寺門沙汰次第一向不便事也、別心輩如此
沙汰、就加扶持ハ、朝倉壇正失面目上者、此間致寺忠無
其甲斐者也、楠葉備中守事ハ、無力雖應寺命、於朝倉
者坪江一庄悉以可知行之由、存定旨申送古市邊云々、爲
事實ハ一庄滅亡無子細事也、能々令思安ニ、正應元年坪
江郷被寄進畢、當社根元ハ、後深草院子孫可爲一天正統
之由御祈念之處、御子伏見院御卽位、依之正應元年[illegible]
而御寄進也、剩到當今御孫連續シテ持天下給、是併當
社御德、當庄御願故也、於龜山院御子孫者、雖有子細、
元弘・建武以來号南方シテ、如無令成給、但是モ向淵御
講連々懃修是故歟、南主号于今御給、抑近來傾王位、一
天政事悉以滅亡、御願又有名無實也、師壇之御儀共以
如此、然上者當庄事可成不知行条勿論歟、可歎可恐、
今日又南主御蜂起有之、旁以時剋到來、可任神慮事也、

(文明二年七月)

二日

一慶英瓶子幷瓜等持參之、慶英相語云、南帝ハ壺坂寺ニ御
座、越智ハ無存知分と云々、每日供御以打火等致其沙汰、
嚴重無双云々、興憲法師爲彼寺學頭下向相語云々、

十八日

一昨日宗藝法師來、於當國可有合戰歟云々、越智十方
相語、先可入和泉・河內云々、此条不審事、但自去年爲
西方大名之沙汰、被成和泉守護職之由風聞、則可入國
之由支度之處、于今不及是非条、誠以不審事也、伊勢
國司申合子細有之歟之由云々、南朝御事哉、南主ハ御座

越智之館　壺坂、　給云々、

(文明二年閏八月)

九日

一安位寺殿入御、宝壽院御訪、爲被申大閤云々、京都西方ニ新主上被申取立云々、十二三歳(十八歳云々)、此間越智壺坂寺ニ御座、經古市御上洛(去月廿六日云々)北野松梅院ニ入御、但其邊爲御用心不可然之間、山名入道之妹比丘尼寺安山院ニ遷御、後村上院之御末云々、先日女房躰ニテ御輿ニテ古市ヲ御通条分明也云々、安位寺殿仰也、自京都顯阿ミ罷下、同前ニ相語者也、(小倉宮御息也云々、御父并御弟御座云々、)

十五日

一中御門中納言被來、色々物語、主上ハ悉皆可有御遁世御用意、法念上人以下浄土法文數十被書之、被叡覽云々、若宮ハ七歳ニテ御座、可有攘位、但是又大儀之間、きと不可成事也、室町殿ハ御臺与御中不和勿論云々、日野前内府与公方御臺御中同不和、西方新主御座之間、行末可爲如何哉、

十六日

一中御門相語、南朝方ニ此一兩年日尊ト号シテ十方成奉書、種々計略人在之、御酉酉院之御末成云々、南朝御方ニハ随分人也、可成將軍所存在之歟云々、去年召取之被煞了、其靈之所爲ニ法皇俄ニ崩御云々、彼靈ウツヽニ相見事及度々、然之間被立石塔種々佛事有之被訪之、其以後ハ不見靈云々、希有事也、今西方ニ御出之南朝ハ、則日尊取立申君也云々、

十七日

一南朝御上洛事、西方諸大名沙汰也、持誓院法印者不可然旨申云々、

(文明二年九月)

三日

一南主北野御參詣云々、夜御衣等自山名方進之、今出河殿末無御參會儀云々、四条殿一向奉公云々、

八日

一西方新主ハ小倉宮御息、十八才成給、今出川殿ハ御同心無之云々、自余大名悉以同心、御礼等申入之、御器用云々、春円大説云々、

十六日

一筒井律師來、對面、今日社參、進神馬等畢、此六七十日所勞、本複(復)以後今日初也、色々立願申之、奈良中地地口錢事毎年仰之、可停止之由第一立願云々、筒井相語、新主方　仁、御請申入方々請文等取之、吉野一山返事、南都衆内少々、其外請國輩也、年号各別ニ被立之、八月御請共存之、又二宮御座之由在所見云々、

(文明四年一月)

廿五日

一去廿一日夜山名入道宗全入滅畢、其夜同一族大内新助降參、公方御陣ニ參候、一天下無爲其云々、珍重、此六个年之間天下大乱、諸大名引分兩方、日々夜々合戰、畠山一家乱故也、

東方本城室町殿御所也、主上幷三種神器御座、

管領細川右京大夫勝元

同讃岐守以下一族中數輩

畠山尾張守政長

赤松次郎

武田大膳大夫

京極入道孫九歳童　同伯父六郎　多賀豊後守

六角四郎雅延　初ハ西方也、

山名彈正　宗全之末子也、

仁木

斯波兵衛佐義敏　朝倉彈正左衛門　初西方帳本、去年降參、

西方本城山名入道宗全屋形、南主・今出川殿御座、

山名相模守以下一族數輩

一色

土岐美乃守　斉藤藁持誓院以下

斯波治部大輔義簾（廉） 甲斐黨以下
畠山右衞門佐義就
同大夫以下一族
六角四郎 龜壽、初東方東也、 山内宮内大輔
大内新助
京極 号黒田、初東方、故入道三男、 多賀出雲守
公家輩者
三條中納言公躬卿 故内府實雅入道息也、
西河前宰相房任
葉室大納言教忠
安（阿）野前中納言季遠
同中納言公熈
同息
四条籔中納言實仲

經覺私要鈔（安位寺殿御自記）

（国立公文書館［内閣文庫］所蔵）

（文安五年二月）
（圓滿院圓胤）南朝聖主舊冬廿七日被上旗之處、從五百人計也、而二百余人裏歸テ奉打了、前大僧正圓滿院圓胤蓄髪シ、兵ヲ紀伊北山ニ擧ゲ、守護畠山持國ノ部下ニ撃タルヽコト、康富記文安四年十二月二十二日條・同五年正月十日條・同月二十三日條ニ見ユ、

（長禄元年十一月）
四日、自三寶院有音信、南帝被出之間、於吉野衆徒相支之處、衆徒之内多聞院と申者被打候、以伊勢守注進之趣、畠山披露由被申賜了、南朝ノ皇族擧兵シテ金峯山衆徒ト戰フ、仍リテ幕府、興福寺ヲシテ、金峯山ヲ援ケシムルコト、大乘院寺社雜事記本月二日・四日・十二日ノ條ニ見ユ、
十一日、南帝事一宮・二宮共以奉打云々、小川者四人・越智被官人相加云々、実説歟如何、本月二日赤松氏ノ遺臣間嶋彦次郎等、南朝ノ皇胤ヲ吉野山中ニ弑スルコト、上月記・赤松記・大乘院日記目録等ニ見ユ、

（長禄二年五月）
卅日、神璽事、自京都被仰付伊勢國司取進之由御下知之間、教具卿自身罷向宇多郡、問答小川處、一万貫分不給用脚者難進之由申間、教具卿立請人可遣之由雖申之、不承引、第三度目問答使澤・檜牧・垂水入道、三人罷向之處、以武者追出、以假名小川男取神璽逐電之由申返事間、則注進京都御左右之間、長谷寺二國司ハ侍之由、室生者來申了、弘光、神璽入洛ノ條件トシテ、興福寺別當領大和龍門庄莊々務ヲ望ムコト、大乘院寺社雜事記本月二十二日ノ條ニ見ユ、

後南朝遺蹟碑記『拙堂文集巻之一』（国立国会図書館蔵）

後南朝遺蹟碑記

南朝之事。豈忍言哉。前南朝猶然。況後南朝之式微乎。後南朝何。謂後龜山帝之後也。帝之子其號小倉宮。宮之三子爲天基王圓滿院空因王。空因有二子。兄曰尊秀王。弟曰忠義王。初足利氏患南朝擁神器。竦動人心。勸帝講和。傳神器於北。約兩統遞立如先代故事。其後及禪代之際。負約不立南胤。小倉宮恚憤。糾伊勢國司北畠滿雅等起兵。兵敗。滿雅死。而宮遜於嵯峨。嘉吉中。天基王興圓滿院謀。楠氏遺孽。夜入禁中。收神器。去據叡山。追兵圍而攻之。天基王與楠二郎死之。圓滿院空因初匿近江。後來於川上。久之殂。尊秀王遷於小瀨龍泉寺。召集義徒。守神器焉。足利氏患之。陰許赤松餘黨之請。入仕於小瀨。伺間戕王。奪神器去。其士覺追之。不及。神器遂北。時王年僅十八。長祿元年十二月二日也。乃葬王於神谷金剛寺。謚曰自天親王。忠義王免難不死。義徒又推戴之。築宮於高原。號岡室御所。奉王遷焉。翌年正月四日。俄獲疾殂。年僅十六。南朝正統之胤絶矣。遺民不堪惋惜。之葬王於御所側。以由

證正。令以定勝所録遺民口語參攷之。以書其概略云。於戯北畠氏擁護前後南朝。不以炎涼變志。大義伸於天下。是固當大書者也。定勝感於北畠氏。遂及南朝以發潛闡幽爲已任。亦不得不牽連書焉。故併諸之以爲記。

赤松記（『続群書類従』所収）

（前略）上意の御間に雜説出來、とかくに滿祐覺悟をかへ給ふ。されども色たちては成がたければ。たばかり申さんために御成を申。御所樣を討申さんに定め。庭の泉水の鴨の子爲御覽。嘉吉元年六月廿四日に滿祐宅へ御成申。諸大名御供なり。勝定院殿樣義持。の御時。定められし御能もあり。わき能に鵜の羽を仕ル。中入の時御庭へ惡馬を放て。安積監物行秀と申者。公方樣普光院樣義教。へためつけをいたしやうなく討申候。御年四十八にならせ給ふ。御供の人々も手にたまる人なく散々に落給ふ。京極加賀守入道。山中中務熙貴はうたれ給ふ。武衛殿義廉。大内殿持世。門をこえて落給ふ。滿祐父子義教を討。攝津の中嶋にて公方の御首を吊申され。宗福寺と申すにて御葬禮ありて扨播磨へ下り給ふ。公方樣御敵の事なれば。都は申に及ばず。國々の御勢此國へ攻下り。南は□□□□鹽屋あたり迄にてさゝへけれども不叶攻入候。北は但馬より大山口へ攻入。我等曾祖父因幡守をはじめ同盟一門一所に十三人討死候。諸口何も後にはあしく候て。漸もくるすと申所の上城山の用害に御父子滿祐。被楯籠候。各談合にて此山にて御腹をめさる。父子一所に御果候事口惜候間。彦次郎殿いかやうにも御忍び被成候て。時節をまち御はからひ可然とて。彦次郎は伊勢の國司。村上源氏一性なれば是を頼みて勢州へ御忍びのことさま〴〵候へ共不書入候。扨て又木山には寄手は次第に集りて。かなはずして滿祐御腹切給ふ。彦次郎殿伊勢に御入之事もれ聞え。京都よりの御憤により國司の御抱も不叶終に御自害。悉く赤松どの一家果候。然ば播磨は山名殿賜り。但馬衆廿年知行し。當國の人々はおもひ〳〵に他國の牢人いたし候。我等曾祖父右の大山口にて討死す。其後家懐妊にて丹波へ落。木崎と申所にて忍びて堪忍し。木崎にて女子を儲け候。其後赤松の家再興のこと。國の浪人衆談合にて細川殿讃岐守。を頼申。いろ〳〵上位を御申くるろげにて。まづ赤松の名字計立られ候はんとて。滿祐の弟常陸守祐之の子息彦五郎則尚と申を赤松の名跡とて。御出仕計御免候はんよしにて。いまだ御安堵の事はさたにも不及候へども。若牢人衆御相談候て彦五郎殿覺悟にて。既に御免のうへは兎角に不及と一揆を起し。押て本國播磨へ御下り。國をばいまだ山名衆持候間。備後衆室津に暦々居候。彼衆に渡合て戰負やみ〳〵と御果候。重て御家督を可申様御座なく候。其頃三條内大臣殿公。重量と申て。上意の御中務御本所御座候。彼御内石見太郎左衛門と申入をかたらひ三條殿を奉頼。上意を重てとゝのへ。次郎法師丸を赤松の家督に被召出。五歳に成給ふを取立ける。治郎法師丸は滿祐の弟に伊豫守義雅とて。城山にて腹切給ふ人の子息九歳になりしを。天隱和尚山中にかくし申。其後出家になし性尊坊と申。勝岳の御事是なり。かの性尊坊の御子なり。是も出仕計は御免許にて。中々御國御安堵の事はいまだに不調候。爰に南方と申て兩宮御座候。これは太平記の比位爭の御門の御末也。何様天下を一度御望有て。御兄弟吉野のおく北山と申所に一の宮は御座候。二の宮はかはのゝ郷と申所に御座候。さて赤松衆□□天下第一の忠賞に預り。此家再興をいたさんとの望にて。工夫して此吉野殿をうちはたし神璽を取返し奉るべし。しからば次郎法師丸に御安堵あるべきかと内々をもつて訴訟申所に上意の御内證相叶ひ。三條殿を以禁中へも申上。扨よし野どのをねらひ申さん謀に。赤松牢人共身の置所なく。堪忍もつづかぬ事なれば。吉野どのを頼申よしにて細々吉野へ參り。何とぞ赤松牢人一味いたし都を攻おとし。一度は都へ御供申さんと色々申入候へば、御同心の義あり。扨大勢は御隔心なれば夜討に入べき人數をすぐり。間嶋。中村彈正。同太郎四郎已下大和國宇智郡まで出勢し。康正二年丙子十二月廿日吉野へまいり隙をうかゞひける。終に次の年長祿元年丁丑十二月二日の夜子の刻。大雪ふり御油斷の時刻を伺ひ。兩宮へ二手に成一度に攻入。北山にて一の宮をば丹生屋帶刀左衞門。同弟四郎左衞門兄弟にて討申。御頭をば帶刀取申候。彼内裏の御たから神璽をもとりてのき申候。吉野十八郷の者起り。跡より追ひ懸候間。御頸を隱し置候得ば奇特なることにて。血涌上り其血にてあらはれ。兄弟共に伯母谷と申所にて致討死候。其時神璽をも取かへされ候。扨又二の宮をも同じ時分に打はたし申候。是は中村彈正御首給り候へども。是も鄕民起り致討死候。兩宮の間大山共隔て道遠く候といへども。赤松衆互に堅く申合。同じ時節に打果し申候。しかれども討手の兵共大形道にてうたれ。たまく殘るもの雪にうづもれ果て神璽をとるべきやうなし。小寺藤兵衞入道。大和衆越知と申者をたのみ。種々の謀をめぐらし鄕民をすかし取。次の年長祿二年八月晦日神璽を内裏へ備申候。かやうに重々忠節無比類候へども。御國安堵は延引し。先御恩賞として加賀半國富樫次郎成基跡。幷備前國新田庄。出雲國宇賀庄。伊勢國高宮保給り候間。各々彼國へおし入。度々の合戰にて或は討死の人もあり。樣々の儀にて終に御手に入候つる。其後應仁にみだれて諸大名おもひくに成行。(後略)

上月記(『續群書類従』所収)

南方御退治條々。

一綸旨 幷 御内書等。

當方御頂戴之間。中村彈正忠貞友被二仰付一之處。於二
兩宮一御退治之事者。既可レ弃二一命一上者爭不レ達二御本
意一乎。雖レ然至二神璽出現一者。罷二入于吉野山一人數二
度不レ可二歸洛一之條。神璽出現之事。不レ申二領掌一之奉
レ返二御内書等一。然其以後三條殿實量御内書。石見太郎左
衞門尉就二惣別申合一。彼御本所樣具依レ申二巨細一。故
三福寺相共被二仰談一。重而被レ成二下御内書一御文言之
事。致二忠節一者富樫次郎成春跡。加賀國河北。石河。兩郡
幷備前國新田庄。出雲國宇賀庄。伊勢國高宮保等爲二
御恩賞一可レ被レ下之由蒙レ仰。替地候之間。彼御判以下
堀兵庫助。依藤彌三郎爲レ使。入眼之後可レ賜之由申定。
三福寺豫置申之。去康正二年丙子十二月廿日爲レ入二吉
野山一罷二向于大和國宇智郡一入數。着到次第不同。

間嶋彦太郎。　上月左近將監。満吉。
中村彈正忠。貞友。　堀兵庫助。
丹生屋帶刀左衞門尉。　浦上右京亮。
小川兵庫助。　石地兵庫助。
河高治部少輔。　河勾五郎。
小川七郎。　村上源三郎。
垂井次郎右衞門尉。　中村次郎。
中村五郎。　河高又三郎。
木梨三郎。　阿閉彌太郎。
丹生屋四郎左衞門尉。　魚住彦四郎。
魚住主計助。　右地四郎。
中村安禪坊。間嶋被官　上野小次郎。鳥居千代松丸代
平瀨彦左衞門尉。爲大和越智雜掌被官遣了　小谷與次。中村彈正忠被官
小寺藤兵衞入道。京都雜掌　伊藤彌三郎。爲京都雜掌被殘置了
明石修理亮。

如レ此處造意趣。中村宗通。兵庫助依二返忠一一向不レ被
二入立一之間。暫經二日數一。小谷與次號二忠阿彌一。以二
隱形之姿一數箇度參二于御息所一。就二種々陳申一。兩宮
御氣色漸和。猶以大勢者御隔心之間。殘討手入二山中一

畢。

一次年長祿元年イ丁瓜十二月二日夜半子刻丹生屋帯刀左衛門尉。同四郎左衛門尉於二吉野奥北山一奉レ討二南方一宮一。同祇候人井口三郎左衛門致二沙汰一御頸幷神璽賜之。此時雖レ抽二忠功於伯母谷一。與二申在所一而兄弟相共討死仕條。被レ取二返神璽一訖。依之大功之證據暫不分明之間。小寺藤兵衛入道廻二不思議之了簡一。重而奉レ取二返神璽一。巨細見二于後一。

一同夜半子刻於二吉野山河野鄉一奉レ討二南方二宮一。同祇候人宇野大和守。高野山智荘嚴院弟子定順。同次郎三郎名字不レ知。此四人討捕訖。大勢者不レ被レ入。子細見二于前一。

討手着到次第不同。

間嶋彦太郎。於南方號赤松左馬助殿御息引二二宮御衣一。

上月左近將監。奉レ討二二宮御頸一了。

中村彈正忠。奉レ持二二宮御頸一於路次一討死。

中村次郎。

上野小次郎。鳥居千代松丸代

平瀬彦左衛門尉。間嶋被官

平瀬小太郎。

小谷與次。

以上八人。

小寺藤兵衛入道。爲大和越智雜掌被遣了

堀兵庫助。京都雜掌

明石修理亮。京都雜掌 出張播州三草山仕候

依藤彌三郎。

前日以二梶原清德叟。俗名五郎三。中村彈正忠貞友。伊藤明石。兩人一自筆之書狀有レ之。

兩宮御頸幷神璽同時雖レ奉レ取。或被討或埋二深雪一。適殘者迷二山野一。是故急度不レ及二注進一之處小寺藤兵衛入道。大和越智申合。調有樣之注進。小河中務少輔亦前イ同之。

一神璽出現之計畧。小寺藤兵衛入道性説罷二下和州一。小

河中務少輔共廻二種々調畧一。重而奉二取返一訖。終翌年長祿二年八月晦日奉レ成二神璽入洛一畢。然條々忠節依レ無二比類一如二御約諾一。加賀半國幷備前國新田庄。伊勢國高宮保等。應二御成敗一云々。

一二宮者吉野奥北山御座。二宮者同河野鄕。中阻二大山一雖レ有二通路七八里一。此入山人數(通 志イ)互申通。如レ此相二達御本意一者也。

一加賀國數箇度合戰事。幷備前國新田莊等合戰事。面々重而可レ被二注進申一候。

右此條々時宜有樣大概如レ此。然此入山人數之中于レ今相殘。上月左近將監存生仕。爲二末代之證據一。山中公私存知前。旁申達記二置之一者也。仍大概如レ件。

文明十年戊戌八月日

堀出雲守

秀世判

上月左近將監

滿吉判

増田　隆（ますだ　たかし）

フリーライター、ソフトウェア技術者。
2年に亘り四国遍路道を辿りながら、地方誌「四国へんろ」に寄稿を続ける。季刊誌「ガッサイ」（山と渓谷社）執筆などに加わる。
メーカー勤務を経て、ソフトウェアハウスに勤務。

あをによし文庫
沈黙する伝承〜川上村における南朝皇胤追慕〜

2018年2月5日 初版第1刷発行

著　　者：増田　隆
発 行 者：住田　幸一
発 行 所：京阪奈情報教育出版株式会社
〒630-8325
奈良市西木辻町139番地の6
URL://narahon.com　Tel:0742-94-4567
印　　刷：共同プリント株式会社

ISBN978-4-87806-510-1　Printed in Japan

あをによし文庫　創刊の辞

かつてシルクロードの終着地であった奈良には、広大な砂漠を越え、海を渡り、遥か西方の国々から様々な文化が漂着しました。それらの異文化は、日本人の繊細で豊かな感性によって咀嚼されることで、日本独自の文化として育まれ、奈良はかつてない文化豊穣の地として栄えます。千三百年前、都が築かれ、文化情報の発信地として繁栄を極めた奈良は、しかし、その後の大きな時代のうねりの中で威信を失い、今は幾星霜の月日の下に栄華を置き忘れたまま静穏の凪の中にあります。その昔、国のまほろば（最もよきところ）と譬えられた地を歩くとき、現代人の胸の内に去来する郷愁は、その地に日本人の心の始原があるからではないでしょうか。デジタル文化華やかな現代で、毎年奈良で開催される正倉院展に溢れる人の波に、現代人の心の深奥に熾火のように眠っているロマンへの希求を思います。

今日、奈良の魅力を語るあまたの書物が世に溢れていますが、残念ながら、地元からの情報発信はまだまだ少ないと言わざるを得ません。二〇一〇年の平城遷都一三〇〇年祭を控え、かつて日本文化の担い手であった奈良の復権の思いを込めて、ここに「あをによし文庫」を創刊いたします。このささやかな文庫の積み重ねが、日本人の心の豊かな源泉を発掘するものであることを願っております。

二〇〇九年一月

京阪奈情報教育出版株式会社